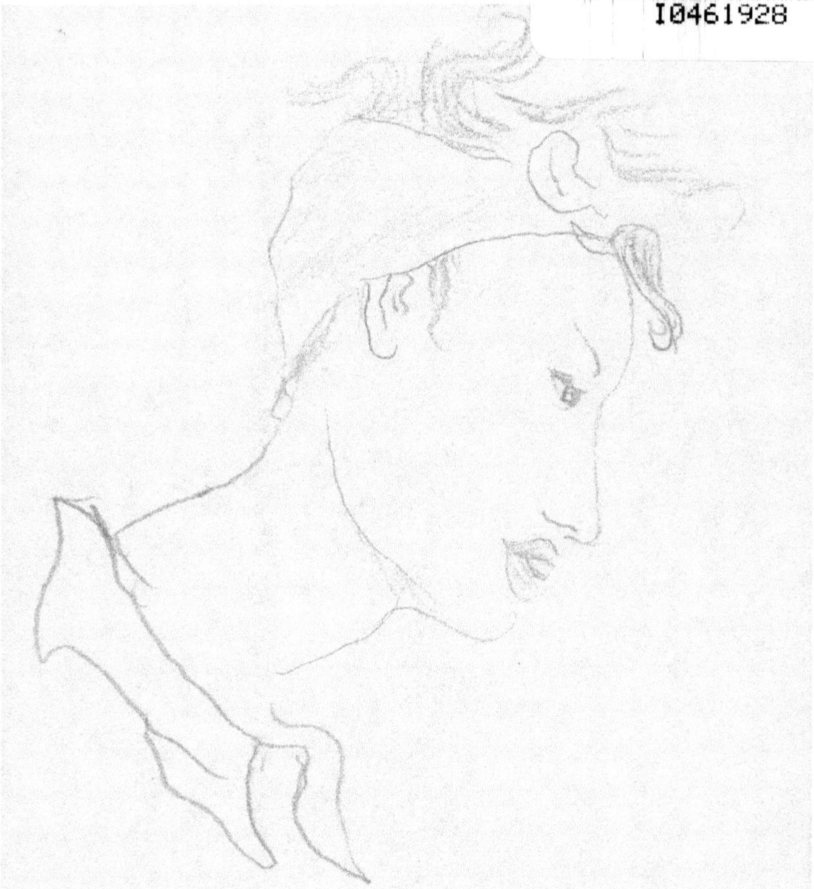

JE SUIS

CLASSIQUE

et quand j'écris je bande cérébralement

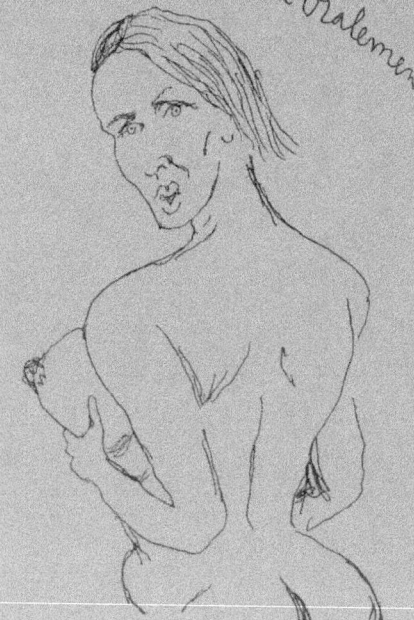

Manuel Montero

16 5 10

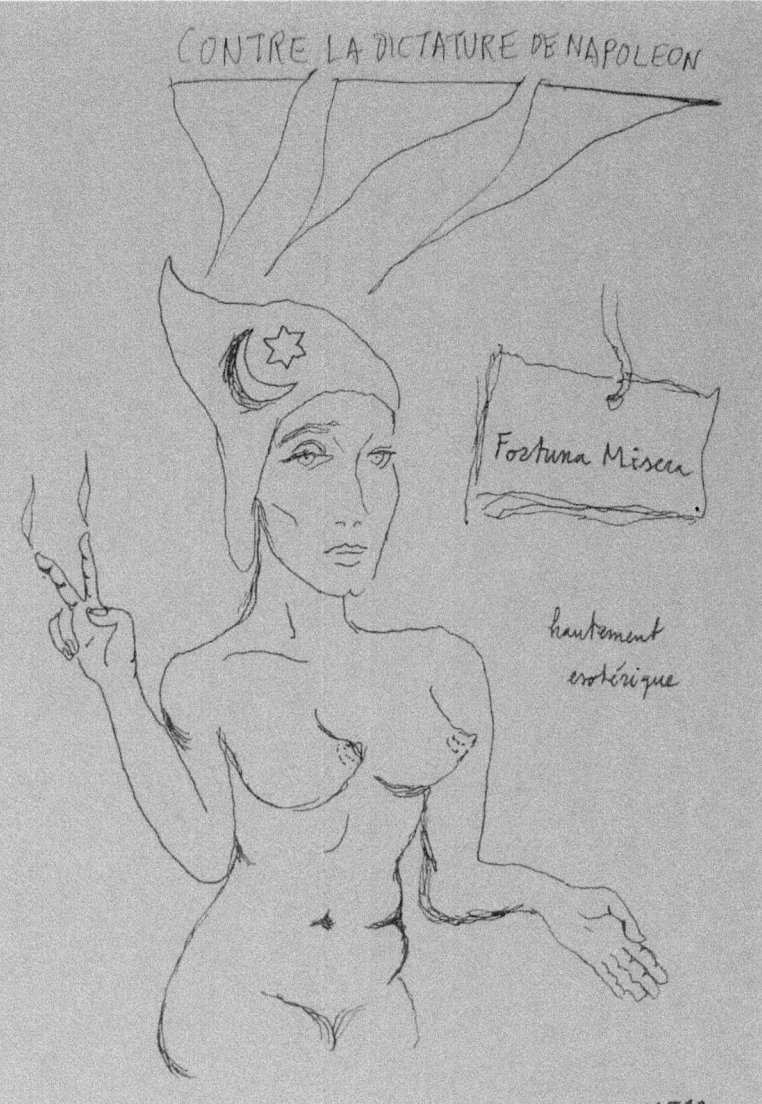

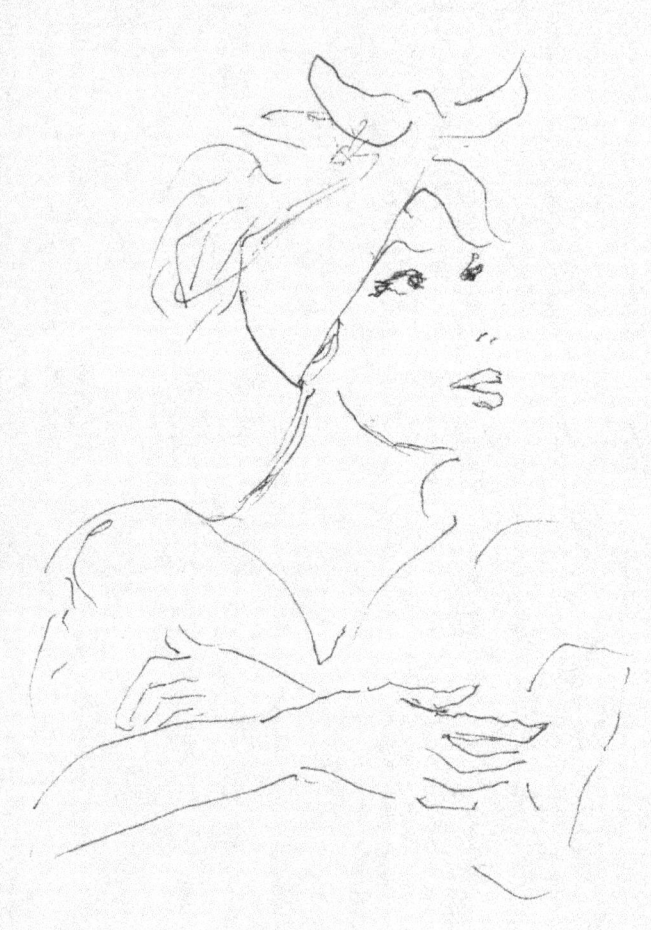

12.510

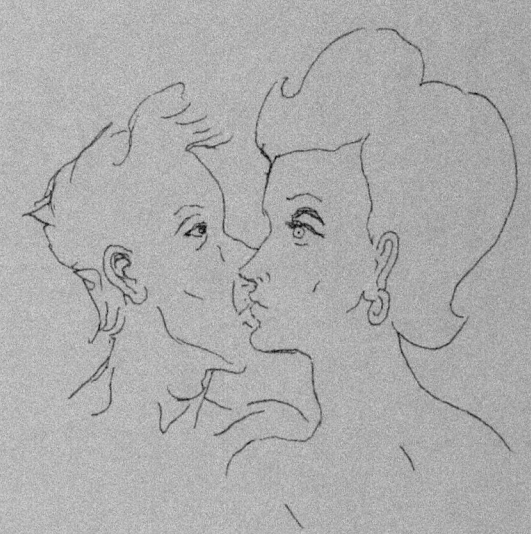

Buda

Manuel Montero

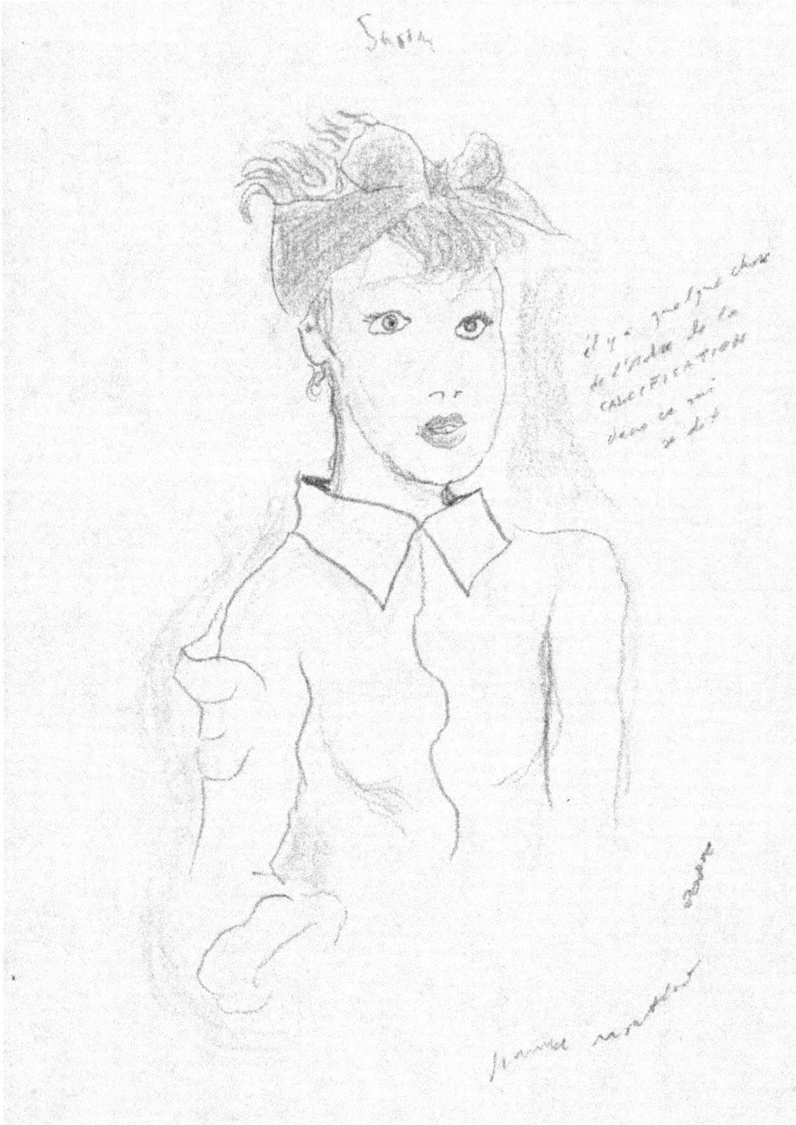

Jonica monhorsdo

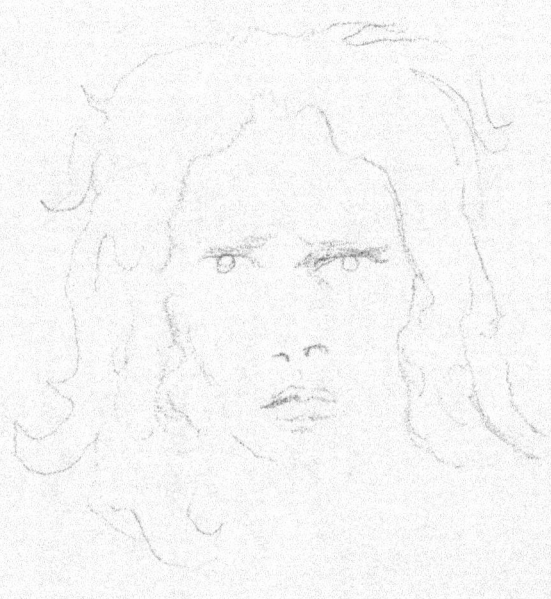

Venice

Manuel Monteo

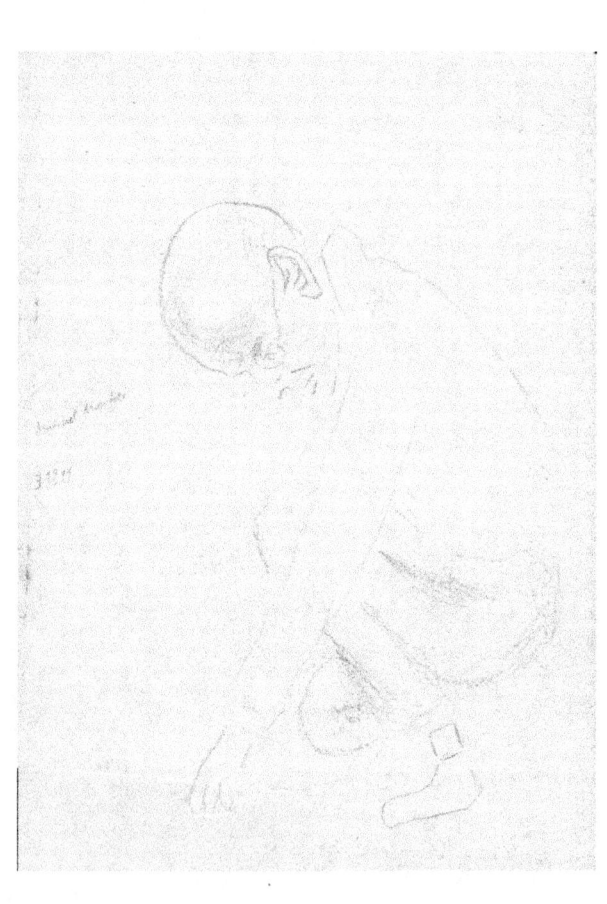

ma chatonne ma belle ma côté d'Adam

ma colombe ma chienne

a ma gazelle mon amour

IL A DÉJÀ
MANGÉ LE FRUIT

Manuel Montero

4510

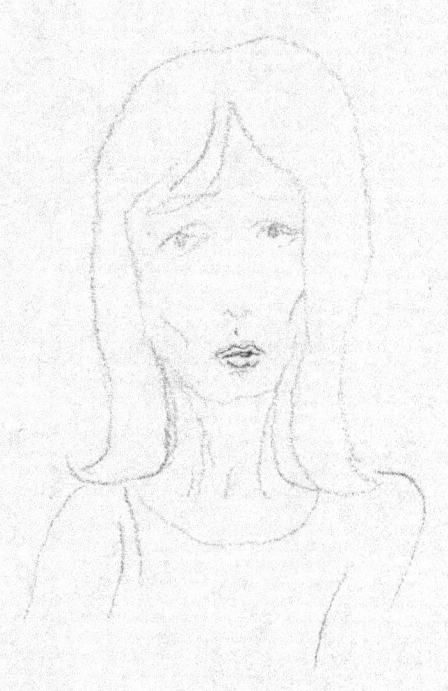

Manuel Espinosa

Clínica Montevideo

FIAT UMBRA

ATENEO SEXUAL

(S)MENEO MENTAL

FLUXUS

LETTRISME

VIDA DE DOLORES

TU PARLES D'UN MONDE ?

CATHERINE

La penseuse de Rodin

merde !

DELIA

JUDIT

SALOME

EVE/EVA

Par Manuel Montero

le

3 5 10

Mon éditrice avec chignon souhaite

MELIGRANA

Où à rituee

SOUVENIR DE DIGNILLE

EN CAMILLE CLAUDEL

EVE LIVET'S L'AFFAIR OMAR

DOLORES DE VIDA

NO QUISISTEIS OIRME

de niño actor en la tele

tengo reflejos
de gitano

Manuel Montero

4 5 10
mira cómo está hecho, mi capullito ♡

CÉSAR EMPERADOR Y CÁTEDRA DE SAN PEDRO

Jessica

1611

M und Monsieur

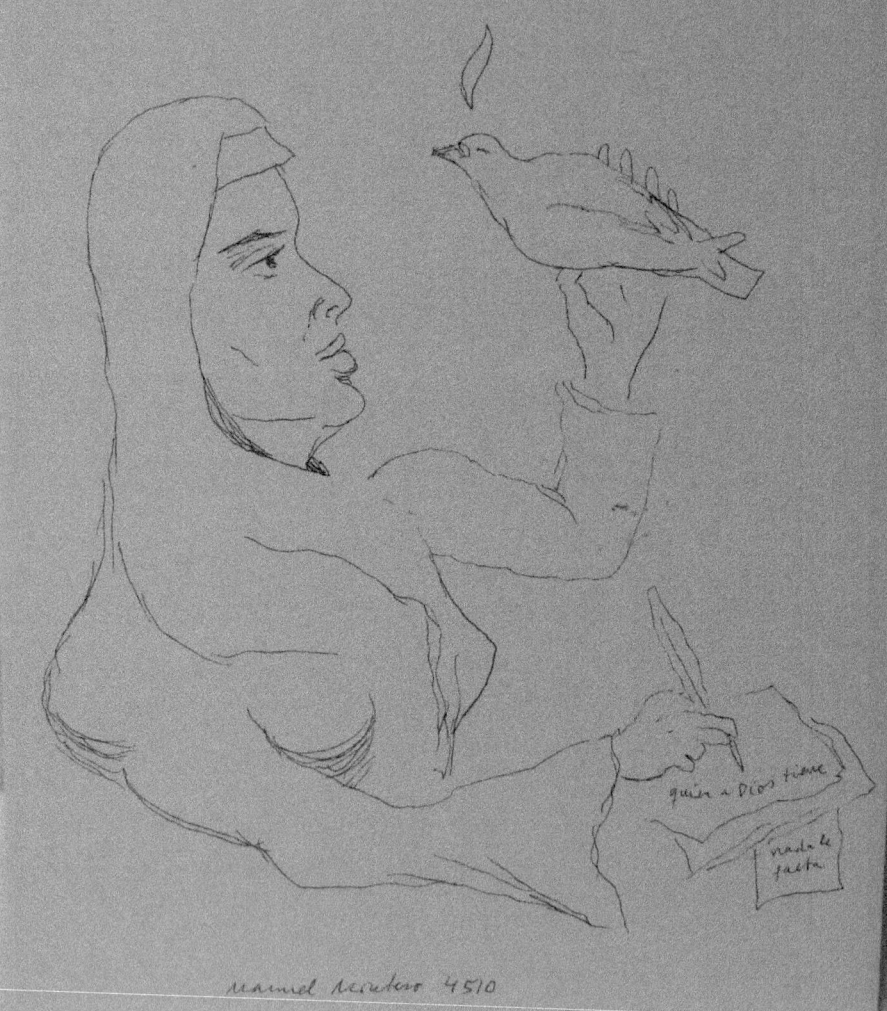

psicodelia cristiana

manuel montero 4510

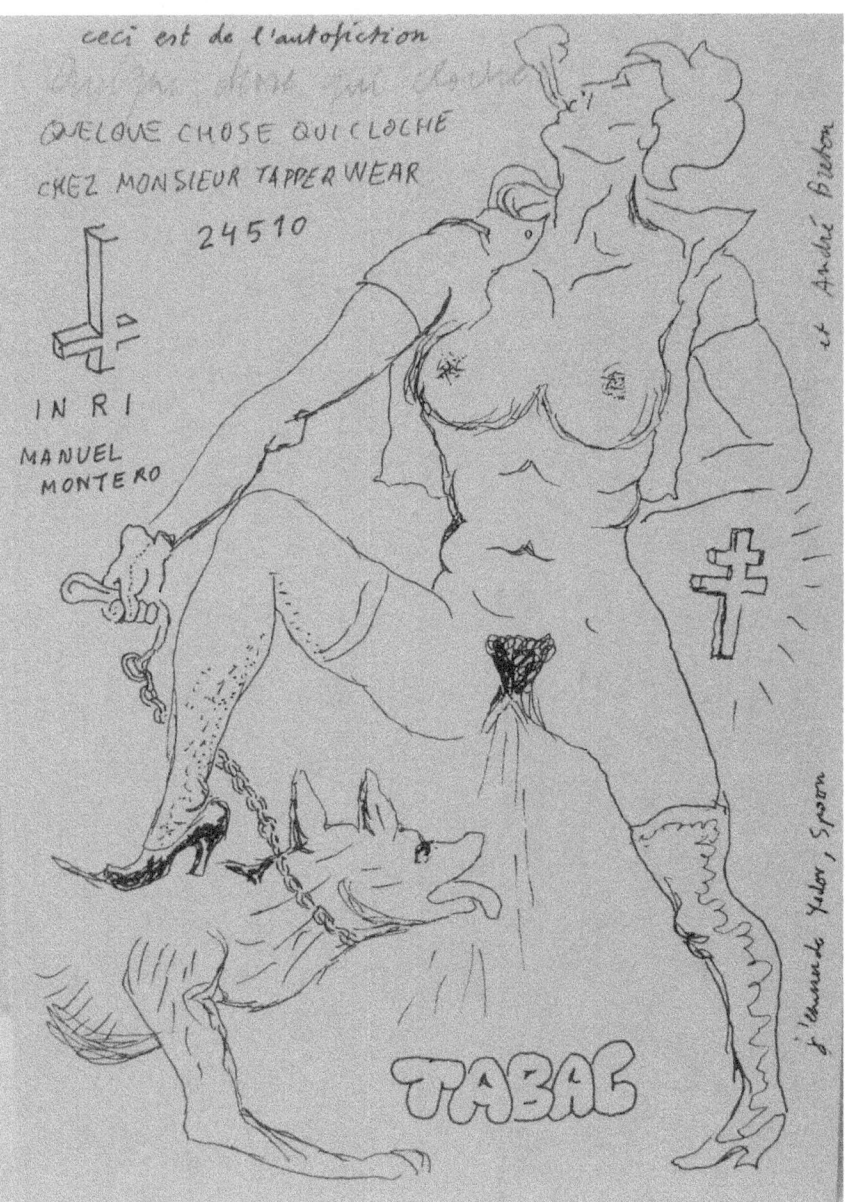

NUEVA INTERNACIONAL LETRISTA

(esta vez al oído : Chi sun sunu como tiggun)

שבע נתיבות התורה

Abulafia era español, caramba : ¿ por qué no
está en los temarios de secundaria, él y su
maestro Maimónides?

I FEEL LIKE TWO FRIED EGGS

NOIR DE VIGNE

Le haïku est un
sport de chômeurs
en déprime et de
retraités

24510

הקנה = הקנה + הקנה
cuantas
=
הקספהלי
silentium

Le manteau d'œil
et d'oreilles et le petit
l'apricot

VIVAN LAS
BOLAS CHINAS

Le son des gravures
d'Athanasius Kircher
est dans le tournesol
bouffant

manuel Montero

Caligrafía china de paisino analfabeto

GIVE PIZZA A CHANCE*

* AIX EN PROVENCE 1992

RESTEZ
ZEN

l'axe mystagogique s'extériorise

LE DOUANIER ROUSSEAU DU SADO/MASO PARISIEN

(artisanal)

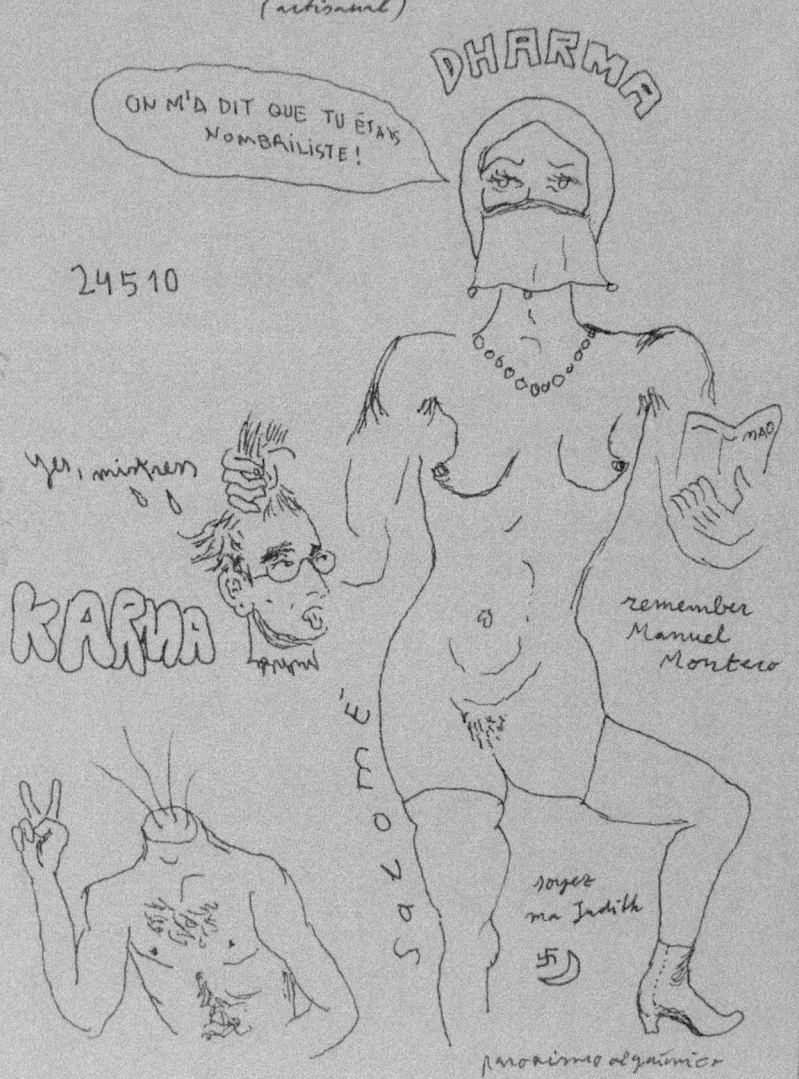

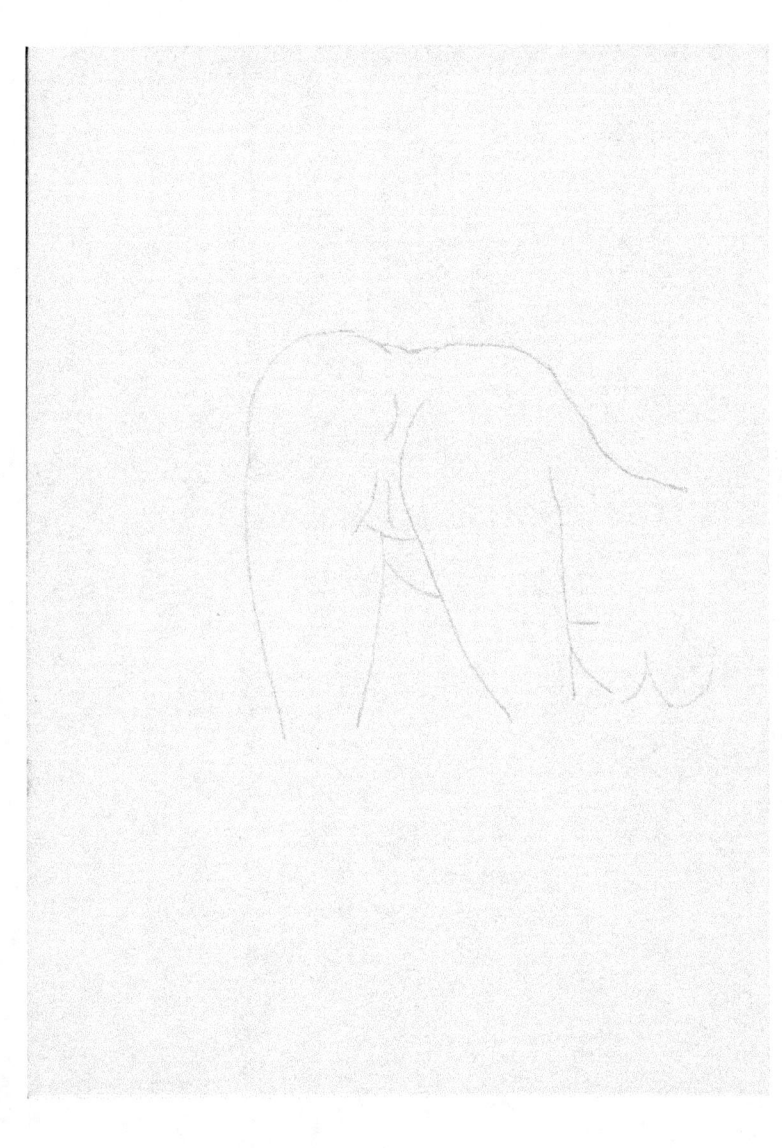

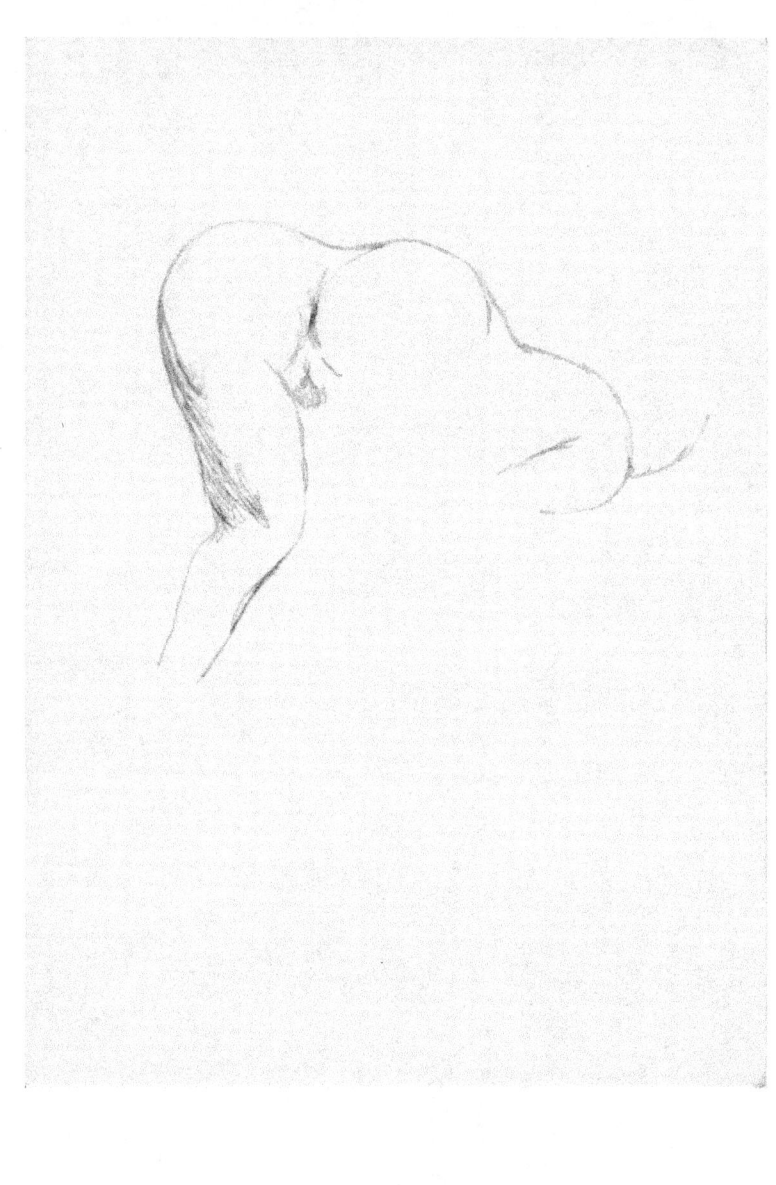

L'IRANISTE 27510

SENZA luna

Le Orse il
Cigno
Ercole
Boote

EL GRANO DE MOSTIZA MANIQUEO. EL HIGO AGUSTINIANO Manuel Montero

LA VOE DE SAINTE-CUTWYNE PAR JORIS KARL HUYSMANS et Nabel Tajedid et Henri Corbin. Puis EN ROUTE Elle m'a fait et si... puis j'ai écouté Michel

Cassiopea
La Via
Lattea
...VICINO
Spettacol...
Turbin

Fellor gran

Plerona

THANKS

sich ihrer Pracht

Die Sterne, die begehrt man nicht, Man freut

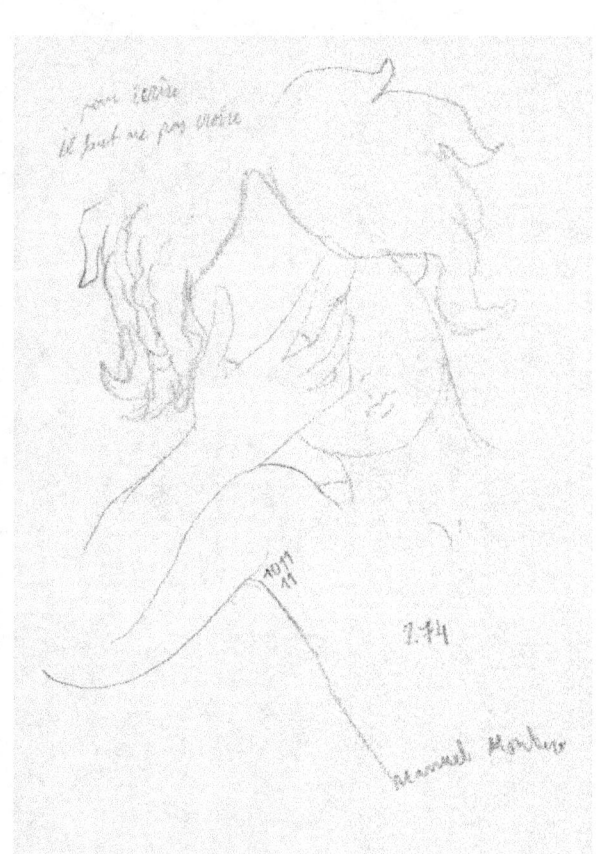

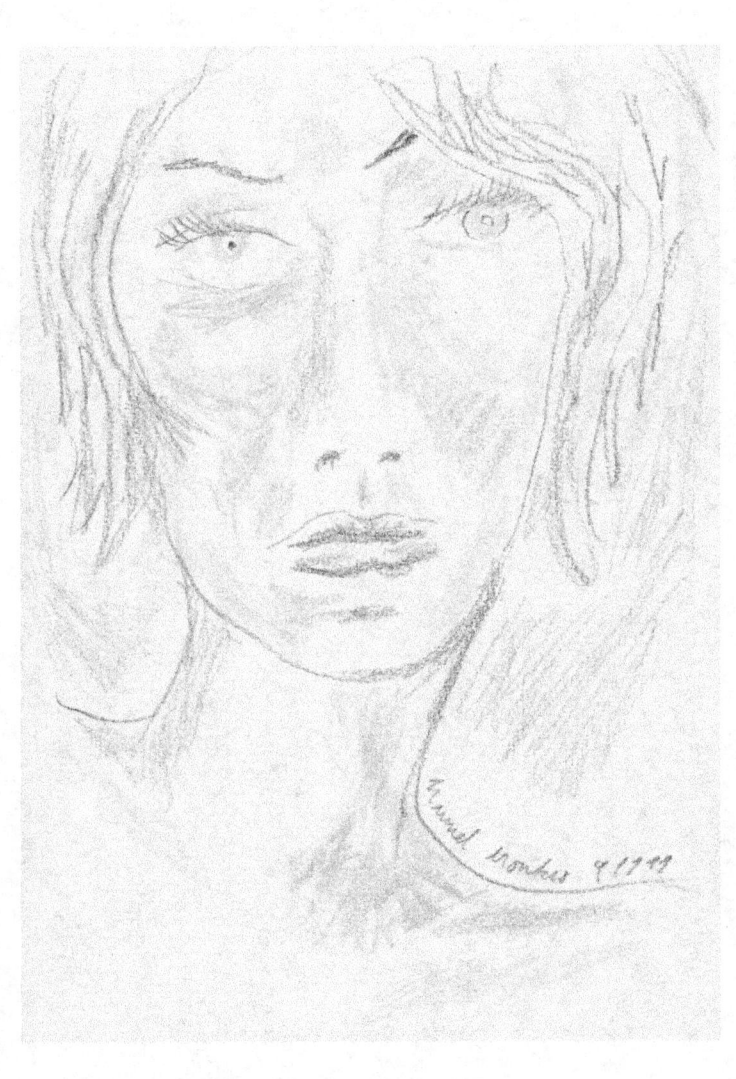

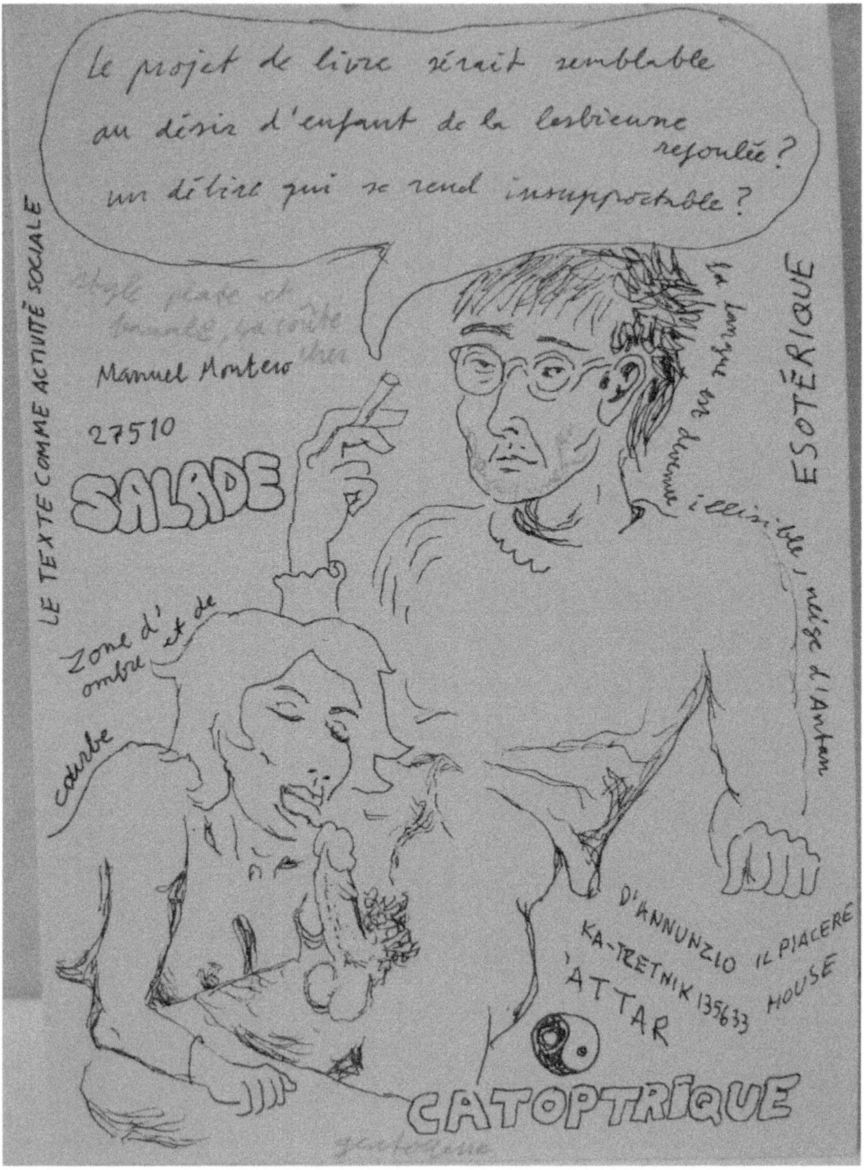
Le projet de livre serait semblable au désir d'enfant de la lesbienne refoulée? un délire qui se rend insupportable?
LE TEXTE COMME ACTIVITÉ SOCIALE
Manuel Montero
27510
SALADE
Zone d'ombre et de courbe
ESOTÉRIQUE
la langue est devenue illisible, neige d'antan
D'ANNUNZIO IL PIACERE
KA-TZETNIK 135633 HOUSE
'ATTAR
CATOPTRIQUE

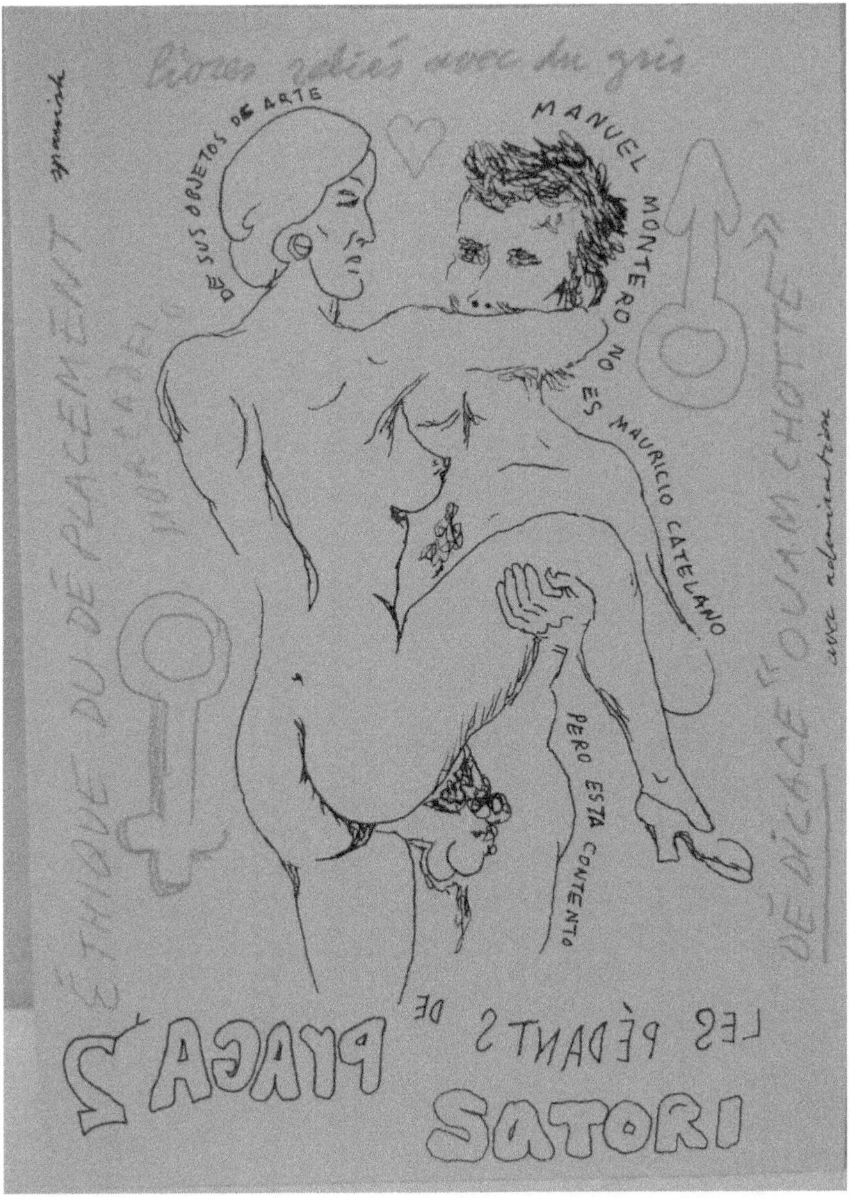

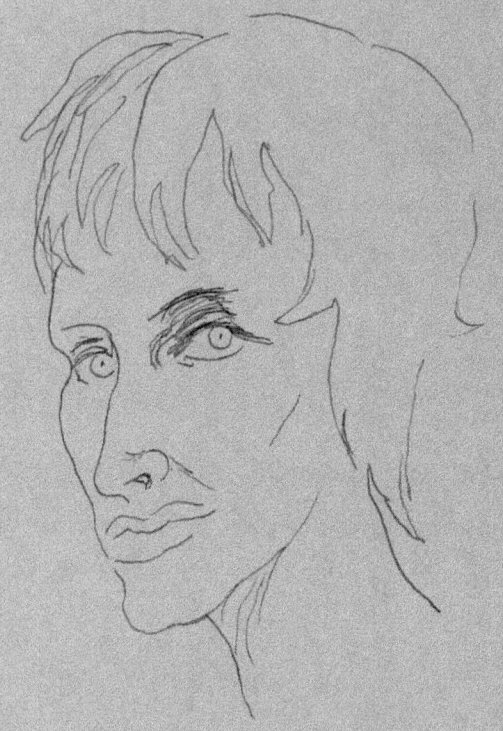

Manuel montero

2129

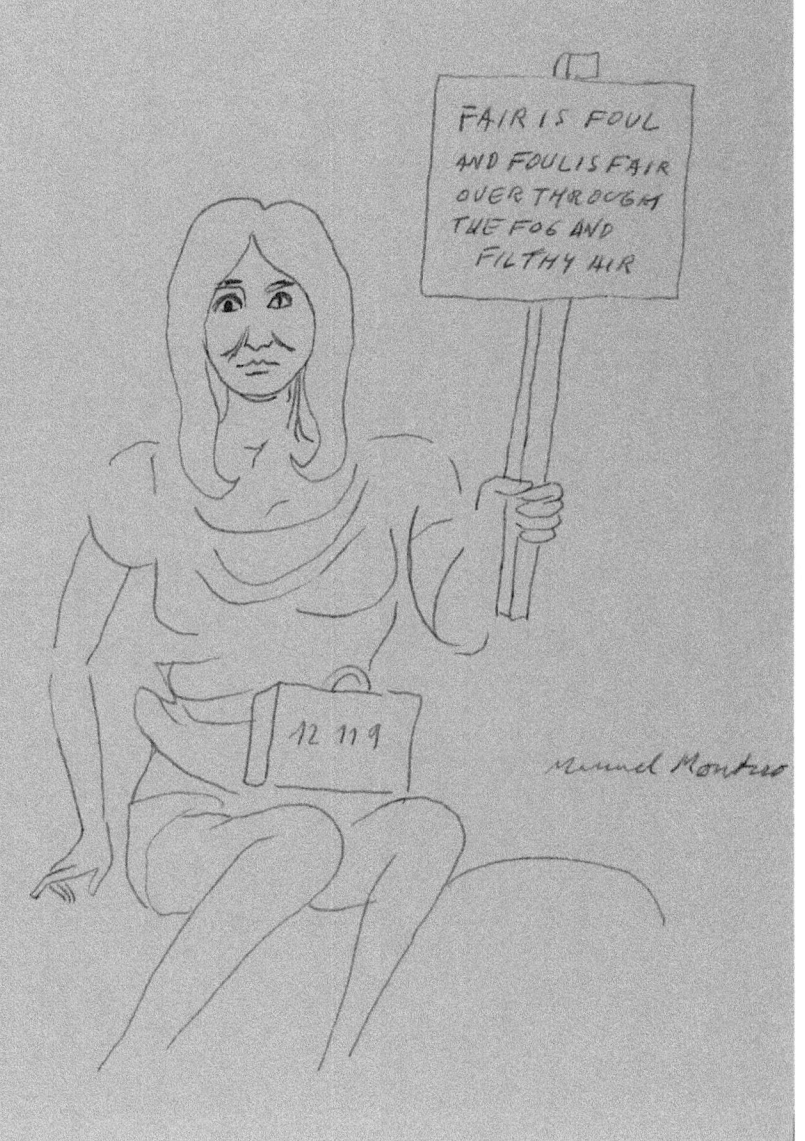

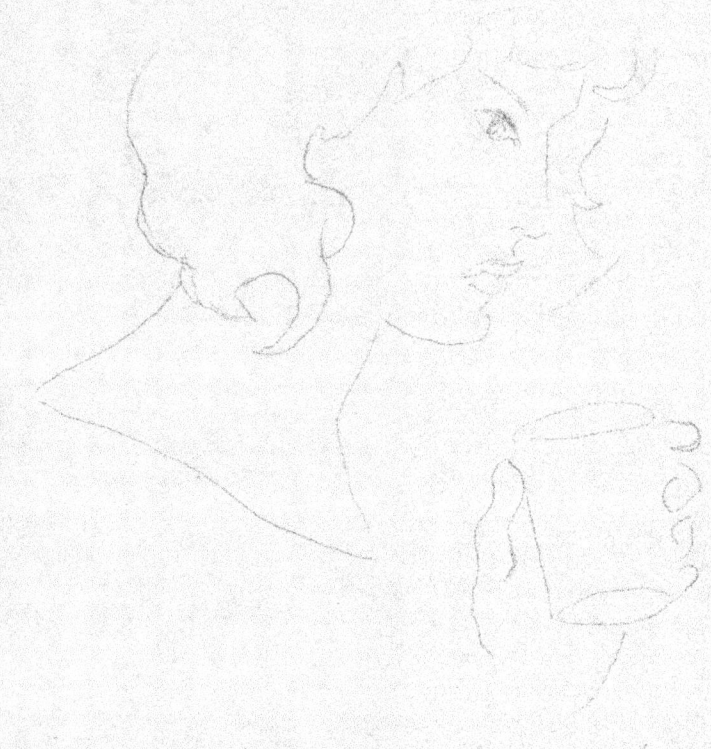

16 12 11

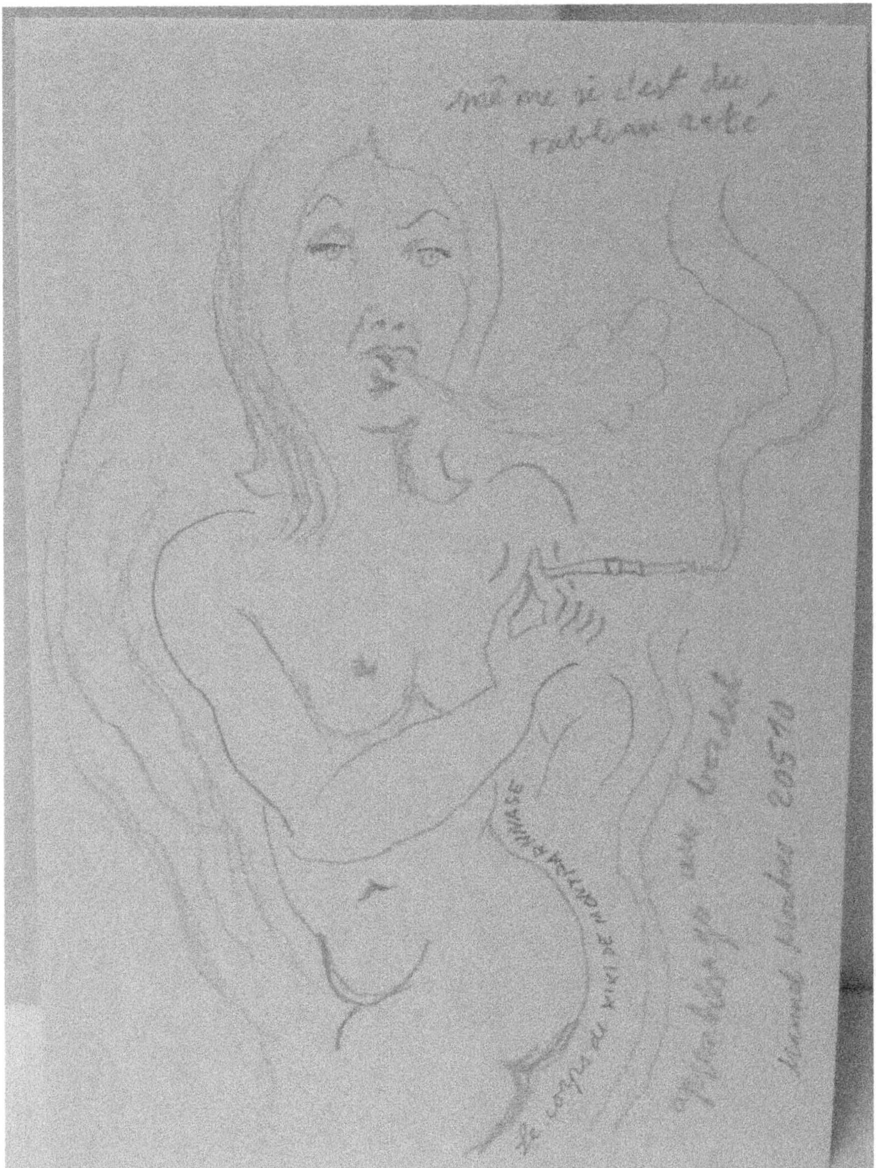
KIKI DE MONTPARNASSE

Como un «poeta de la experiencia» con
ramalazos de Panero, el Dionisos
español de los Botellones

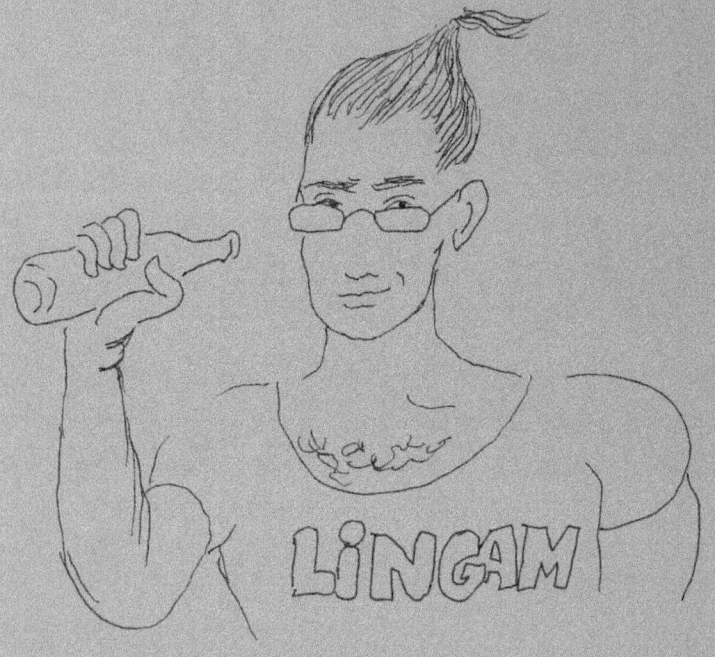

Cuánto saben estas señoritas

REMEMBER MANUEL MONTERO

Besos, manuel   12510

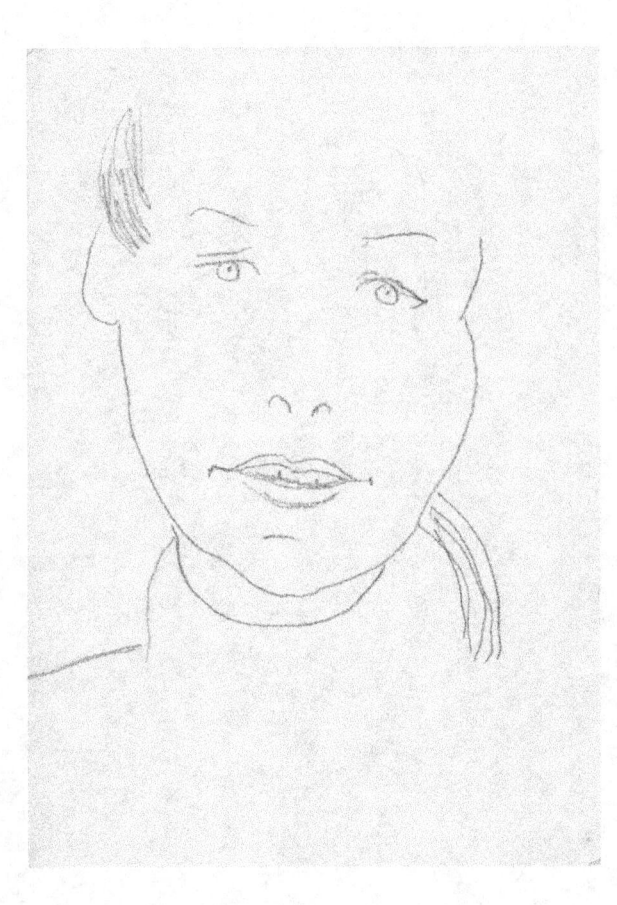

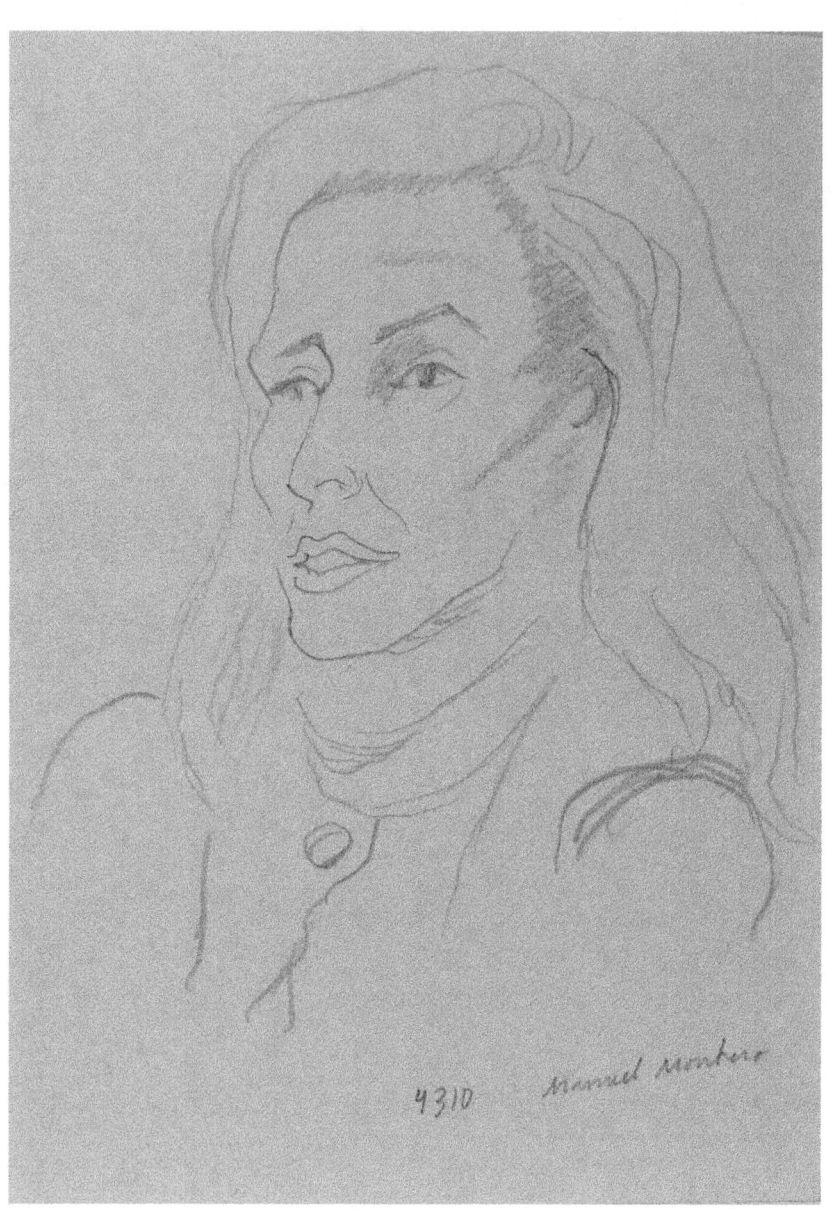

4310   Manuel Montero

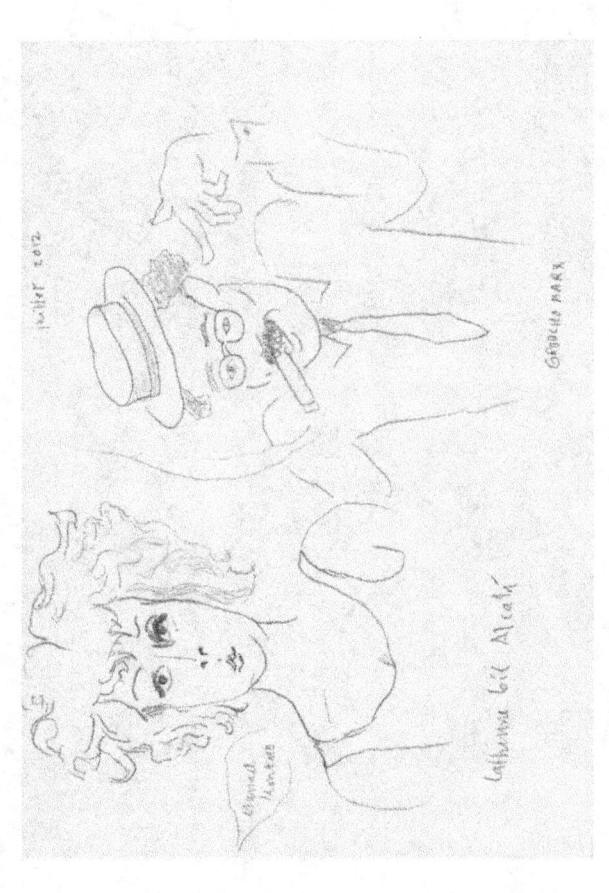

juillet 2012

GROUCHO MARX

Wibuna lee Alcok

FIRST
THE ADVICE OF SELF - PORTRAIT
WAS GIVEN ME BY MARK BETTINI

following German philosopher
Peter Sloterdijk on French translation (Critique
de la Raison Cynique) I cannot re-unite with right art
of the mouth

me accroupi qui brisero sur en la production Rembrandt

20510

Manuel Master

à qui en fait j'ai vendu un
splendide acrylique de moi et un
portrait de la poètesse Soraya Cinacci
qui vont monter de valeur

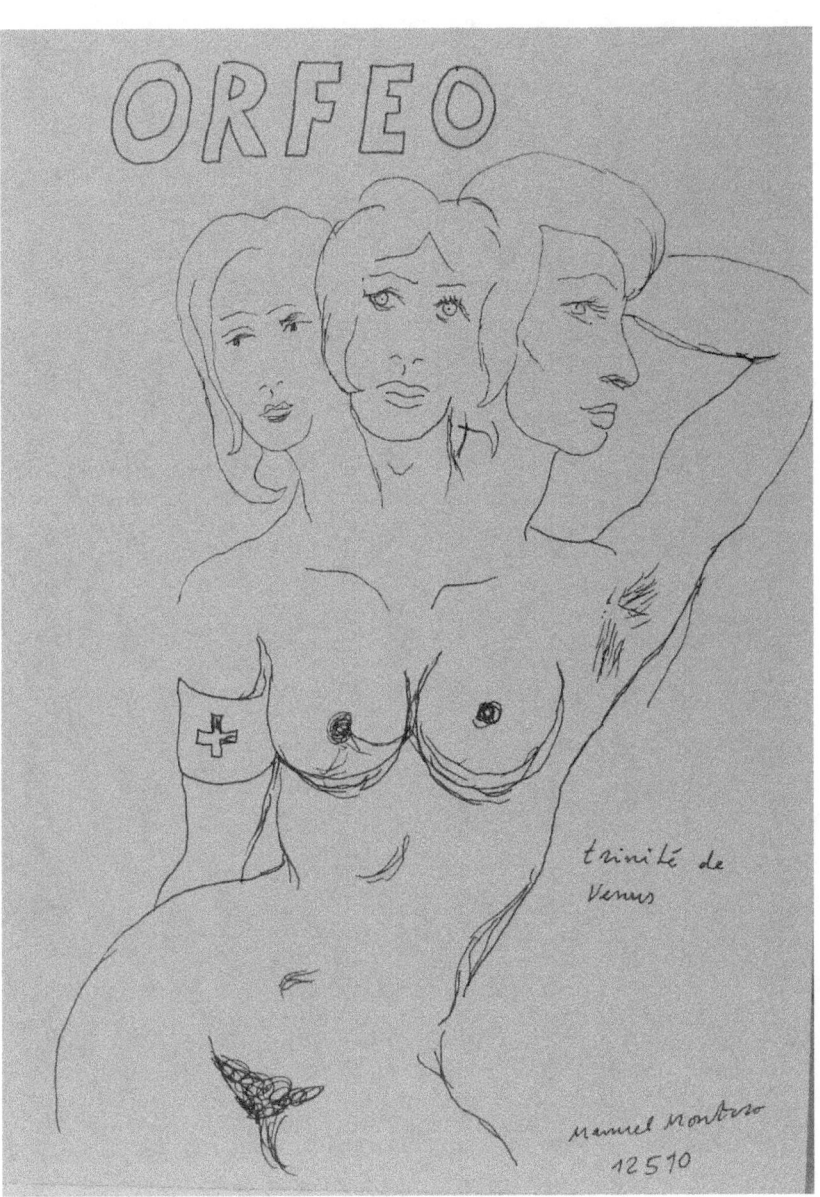

No me considero un pintor técnico
sino un pintor que piensa, y eso
requiere una transgresión del saber hacer.
Por eso me gusta pintar con frecuencia
sin bastidor, abandonando al cliente
una especie de tapiz de Araña, que
la inteligencia puede partir en dos.

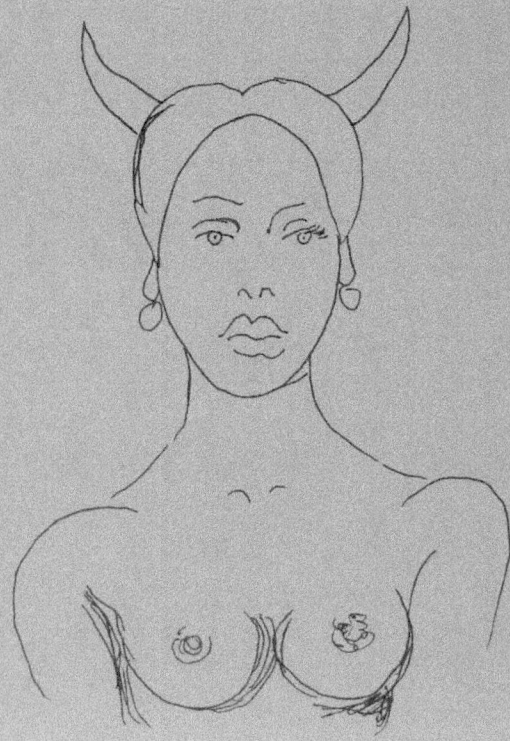

Manuel Montoro 12510

HOY DIA HAY UNA TAL REPRESIÓN DE
LA IMAGEN, QUE EL CUERO ARTÍSTICO SE
FLAGELA CON EL CONCEPTO O CON EL FRAGMENTO

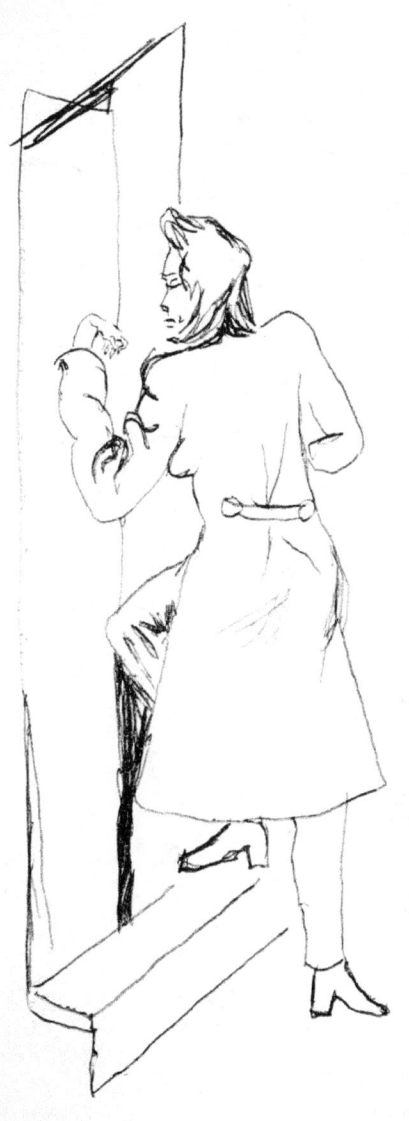

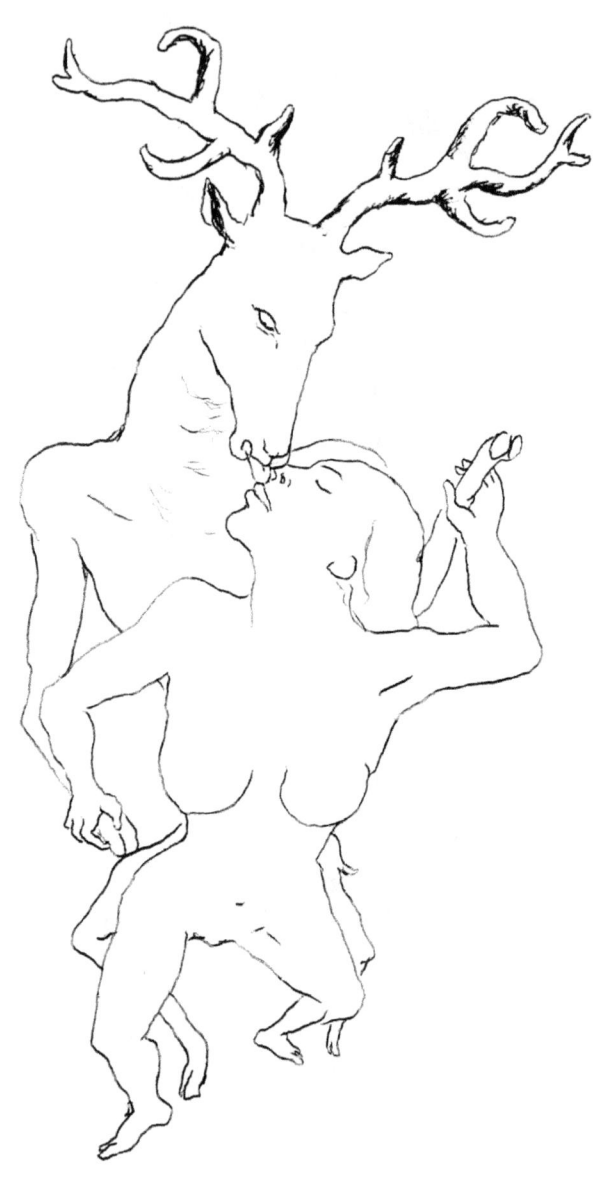

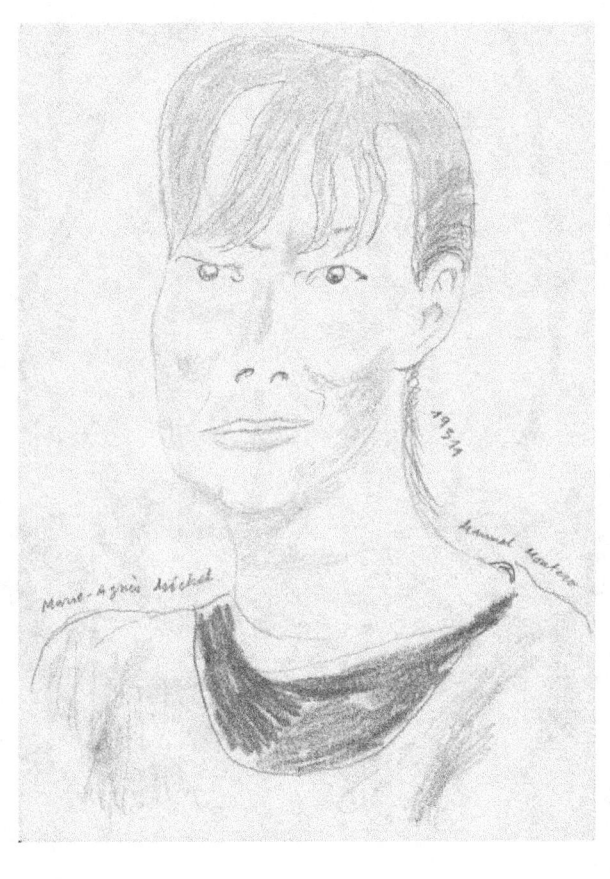

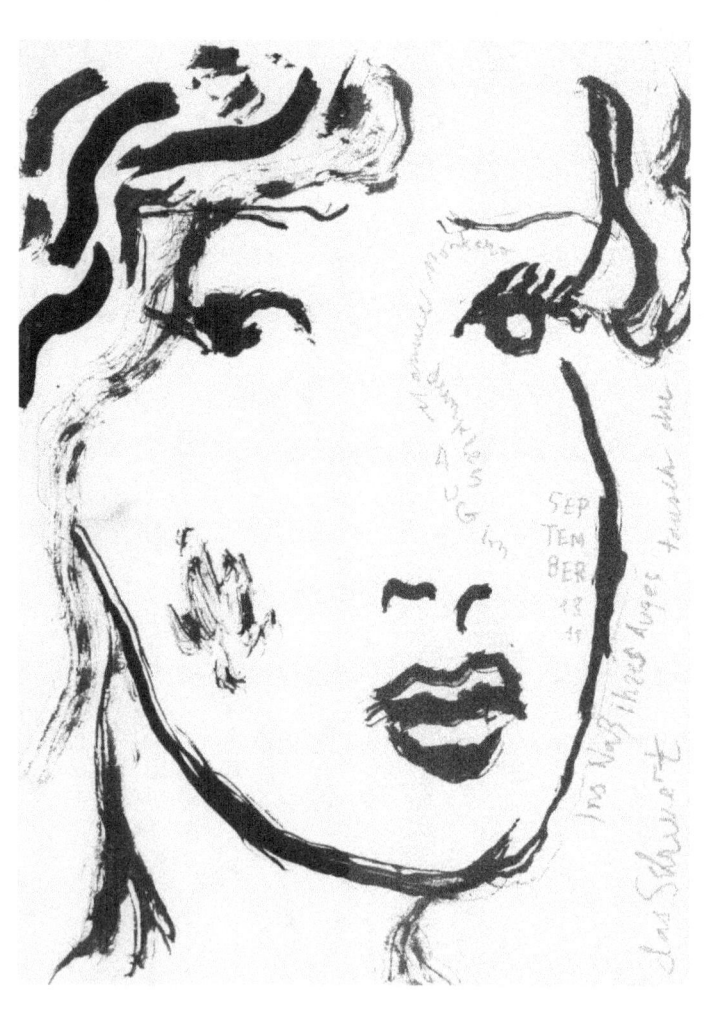

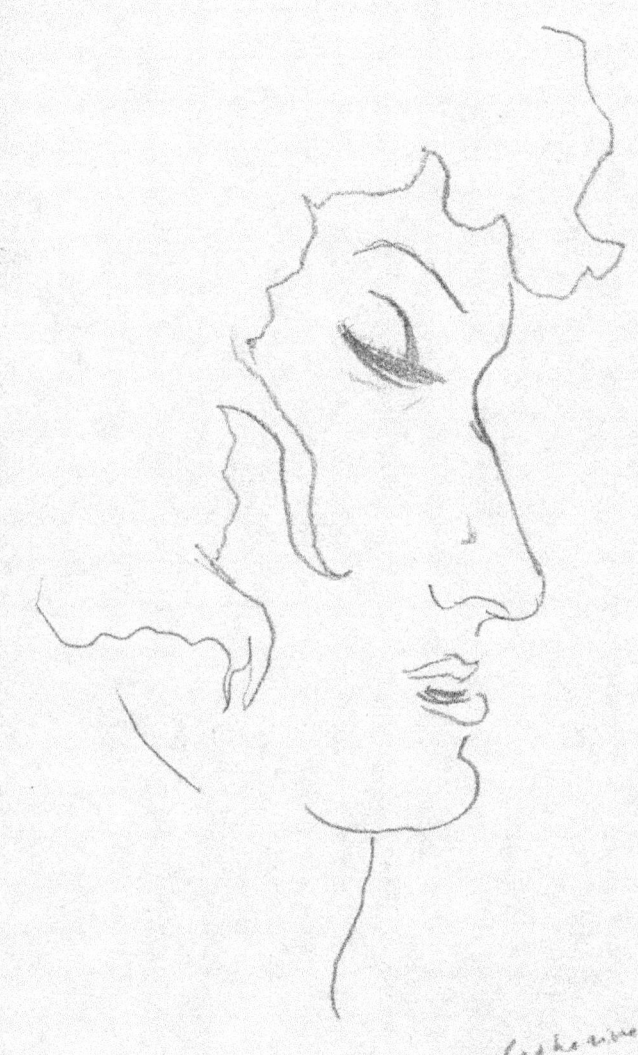

Catherine E. Alcala

Manuel Monkens

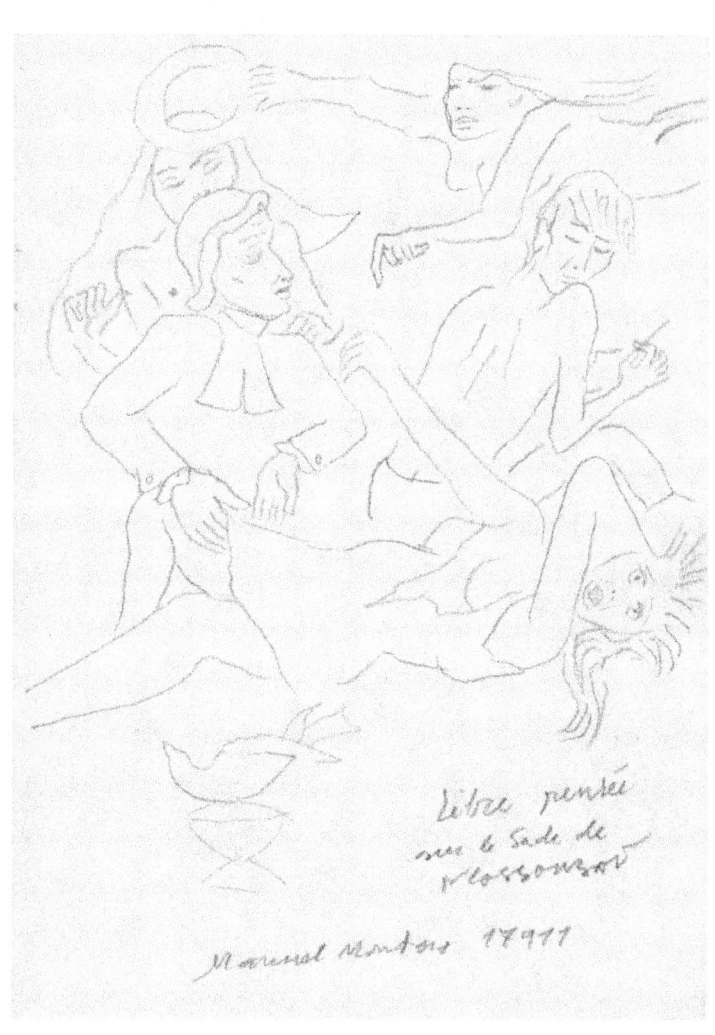

Libre pensée
sur le Sade de
Nossonson

Marcel Montois 1911

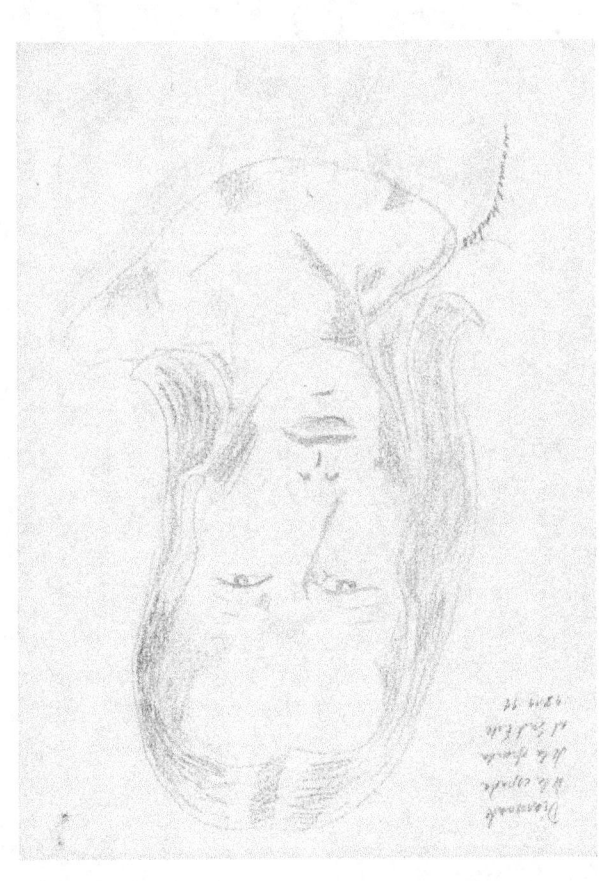

www.ritzmadrid.com

TEL.: +34 91 701 67 67 · FAX: +34 91 701 67 76

PLAZA DE LA LEALTAD, 5 · 28014 MADRID · ESPAÑA

Manuel Montero

4.12

Bogomiles

CARTESIANOS

CAMPUL SIVOS

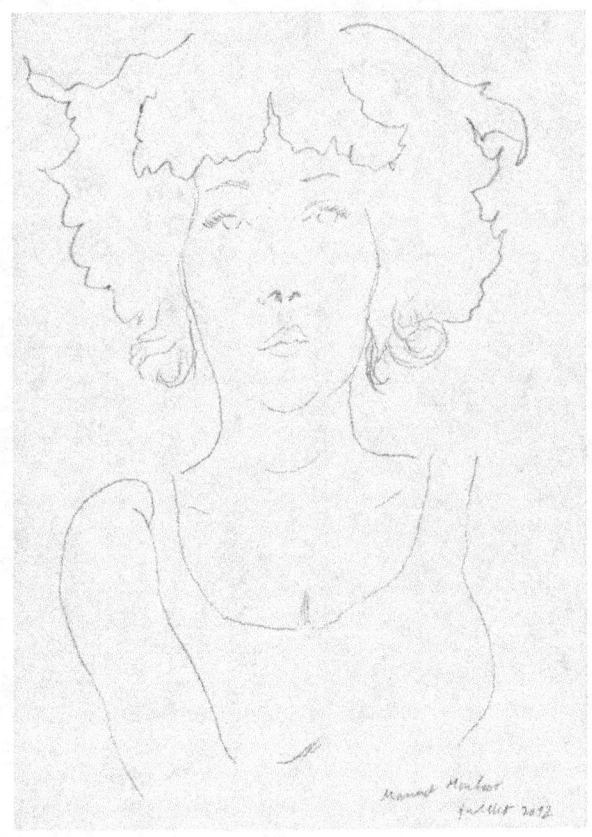

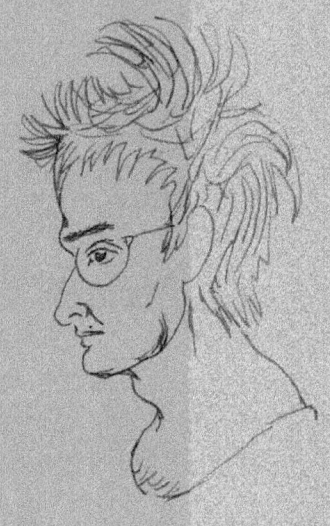

blackbird singing in the dead of night

Manuel Montero 13.9.19

NO QUEDA APENAS TABACO

Querida Lakshmi, *

hazme vender a lo menos
un pastel a 300 €, porque
aquí en París el tabaco
está muy caro.

Lakshmi calipigia

* Diosa de la Fortuna en la India

manuel montero 16510

VENDO ESTE DIBUJO A PRECIO DE PASTEL

(en Dios hay que no se publica)

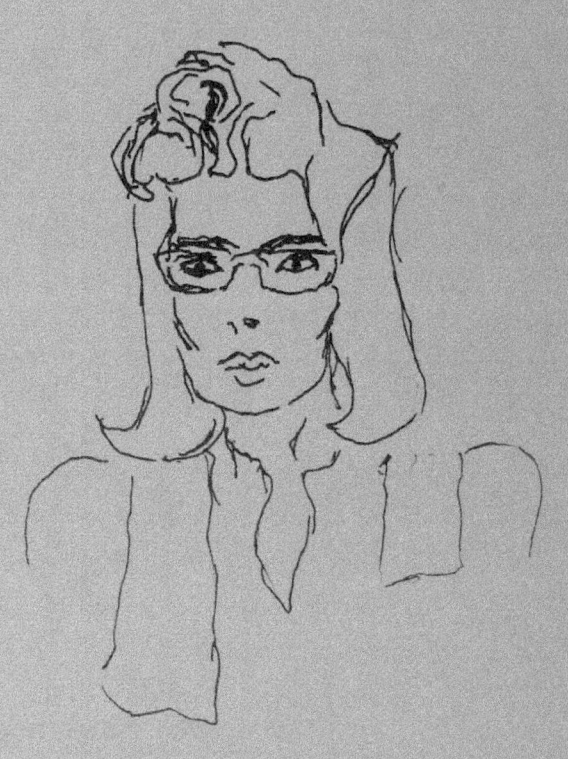

Manuel Montero

46 12 7

* je déchire mes dessins
quand il sort pas bons,
je ne fais pas comme
Picasso.

Autoportrait en artiste hypocrite

Manuel Montero
4 5 10

avec la femme d'un ami, une nuit de fête,
nous sommes arrivés à lire l'écriture arabe
d'un quatrain d'Omar Khayyam, poète persan,
et nous sommes revenus en trio sur la
syntaxe spatiale des sonnets du cercle de Villanchana

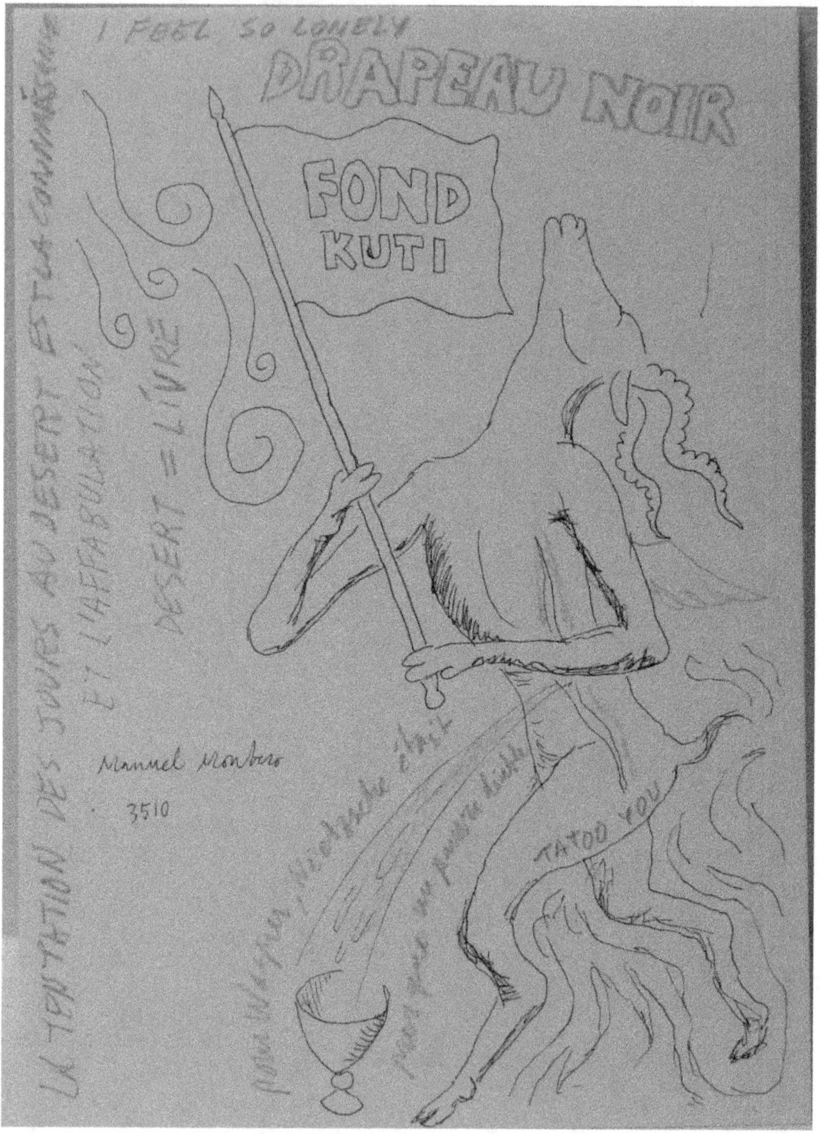
I FEEL SO LONELY
DRAPEAU NOIR
FOND
KUTI
ET L'AFFABULATION
DESERT = LIVRE
3510
TATOO YOU

SPANKING Y BOLDINISMO

WHAT ABOUT HANS HARTUNG? 1ere Variation sur
                                    la mort de Lucrèce

At genus humanum multo fuit illud in artis
Durius, ut decuit, tellus quod dura creabat

Et majoritus et nobidis mosin genitur inho
Fundatorus, relidos epher sua pinces resuin,

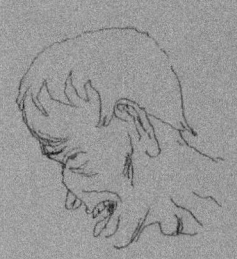

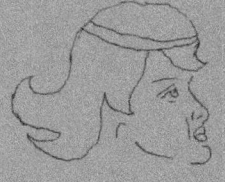

Manuel Montero
3510

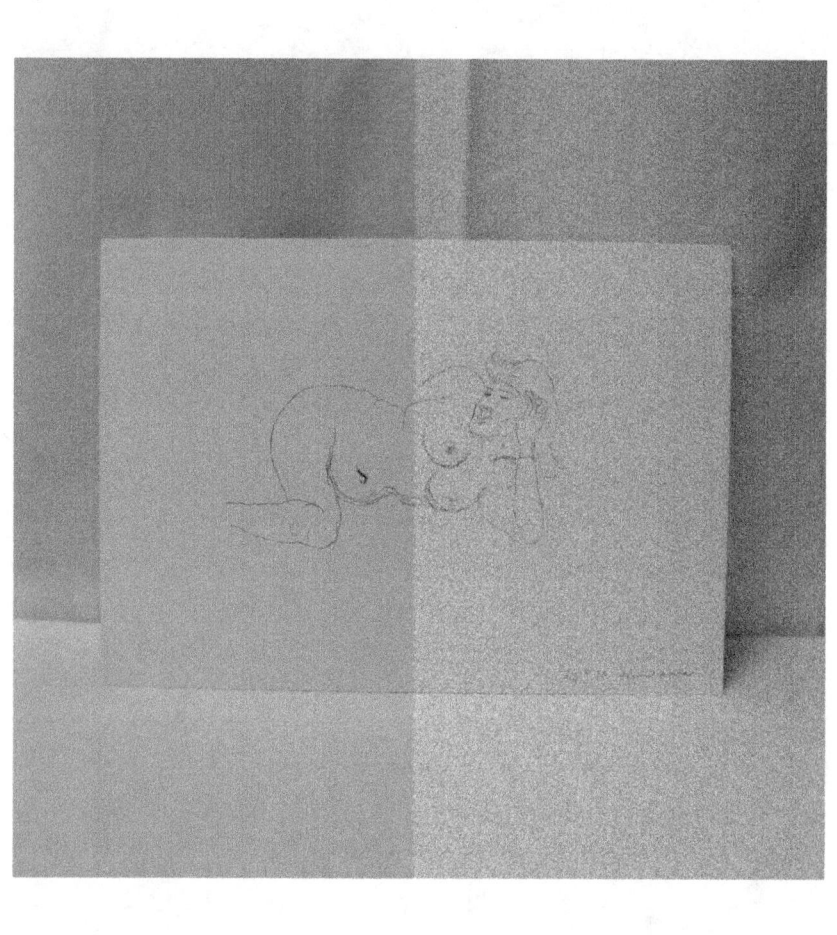

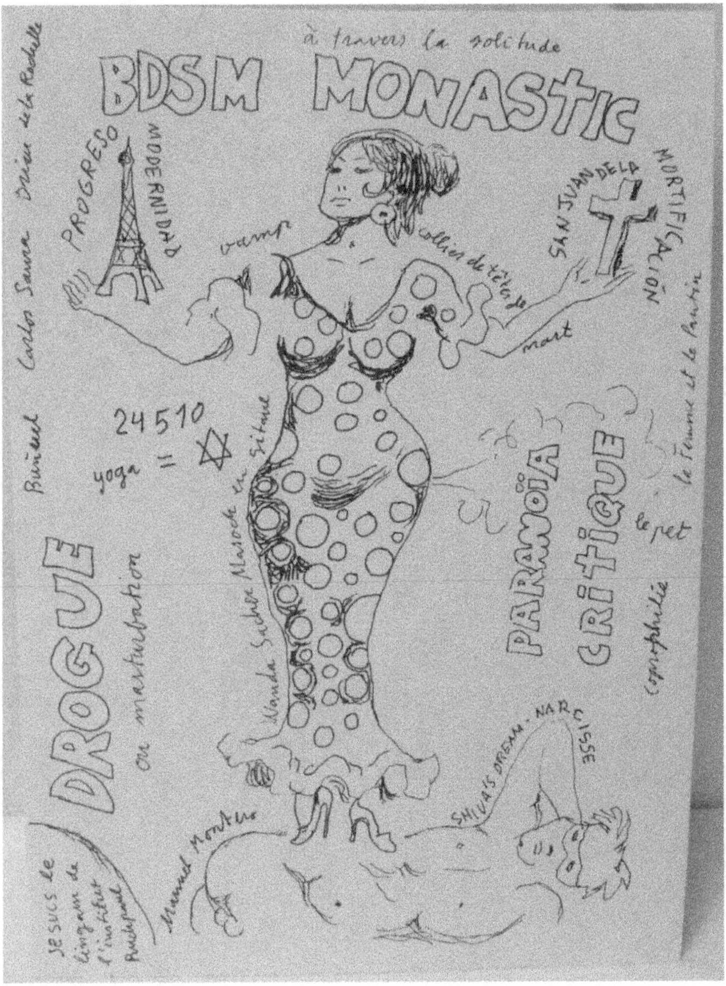

à travers la solitude
BDSM MONASTIC
PROGRESO
MODERNIDAD
SAN JUAN DE LA MORTIFICACIÓN
vamp
mort
24510
yoga =
DROGUE
ou masturbation
PARANOÏA
CRITIQUE
le pet
coprophilie
Buñuel
Carlos Saura
Drieu de la Rochelle
Wanda Sacher Masoch en Gitane
SHIVA'S ORGAN · NARCISSE
Manuel Montero

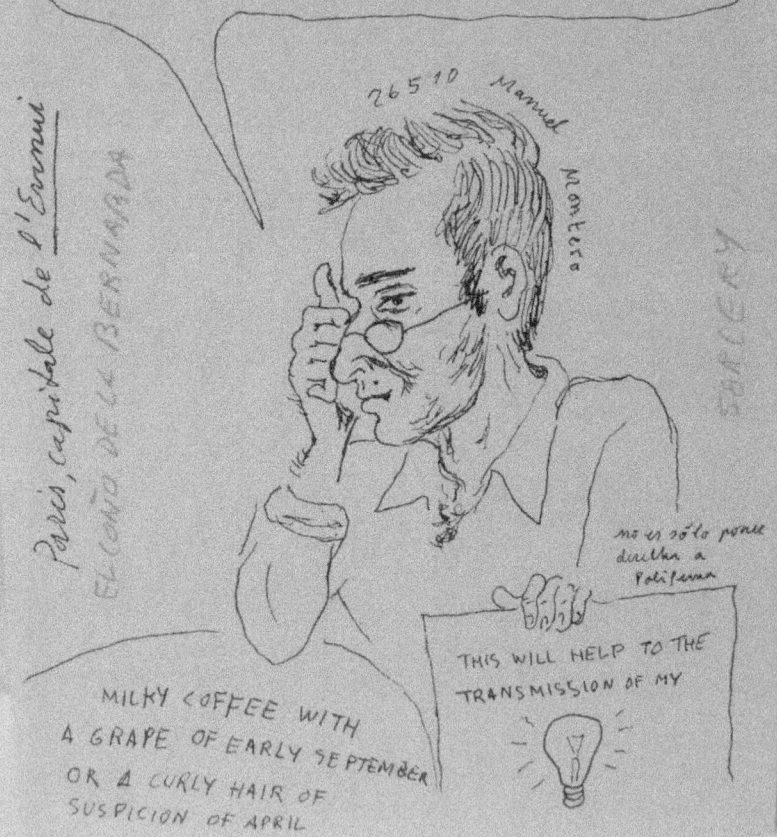

(TO AUDDIE)
CALL ME CRISÓSTOMO

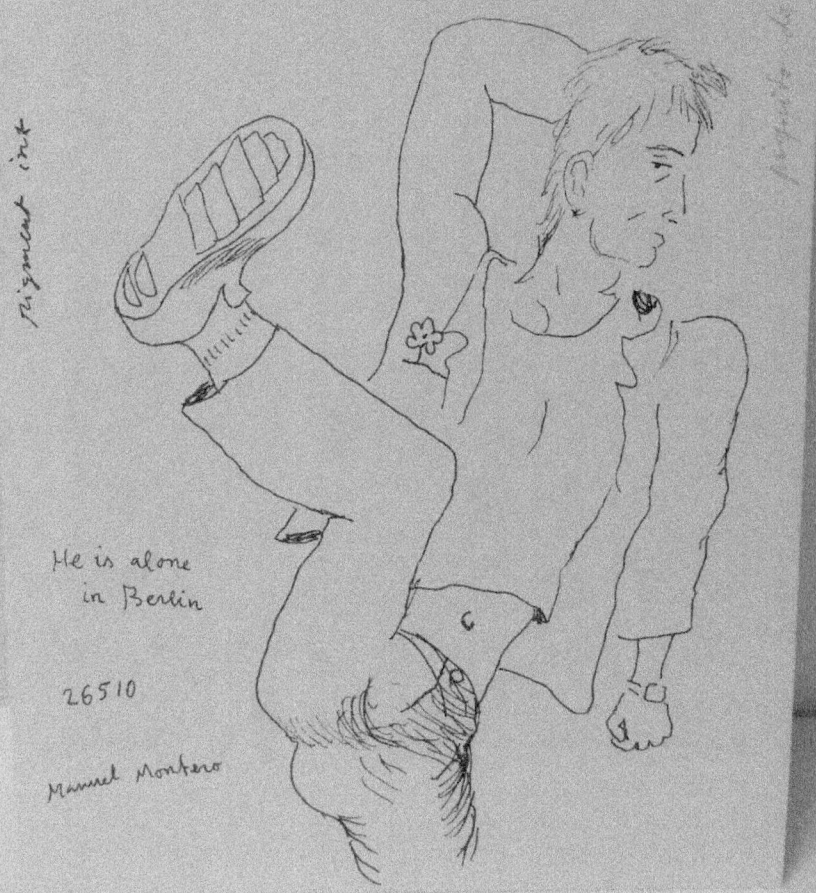

pigment ink

He is alone
in Berlin

26510

Manuel Montero

pequeña la rie

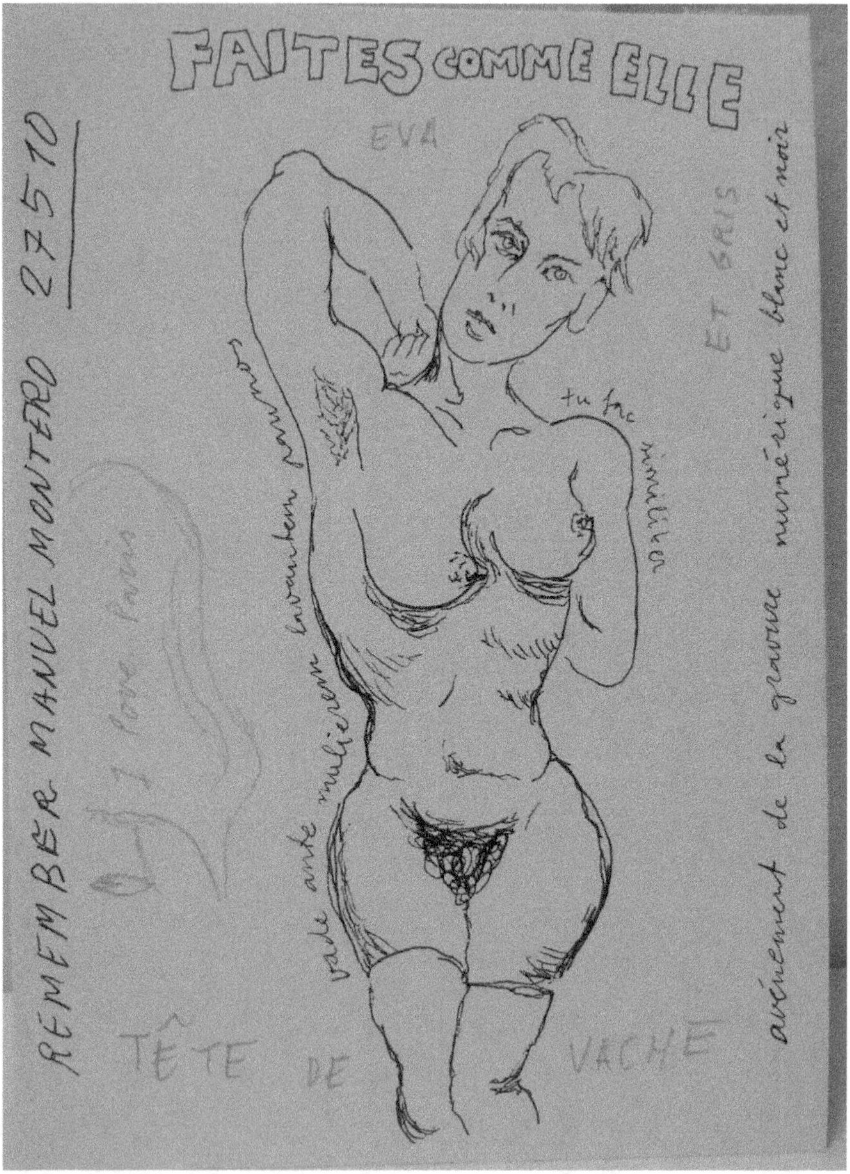

FAITES comme ELLE
EVA
REMEMBER MANUEL MONTERO 27 5 10
TÊTE DE VACHE
vade ante mulierem lavantem pannos
tu fac similiter
avènement de la gravure numérique blanc et noir

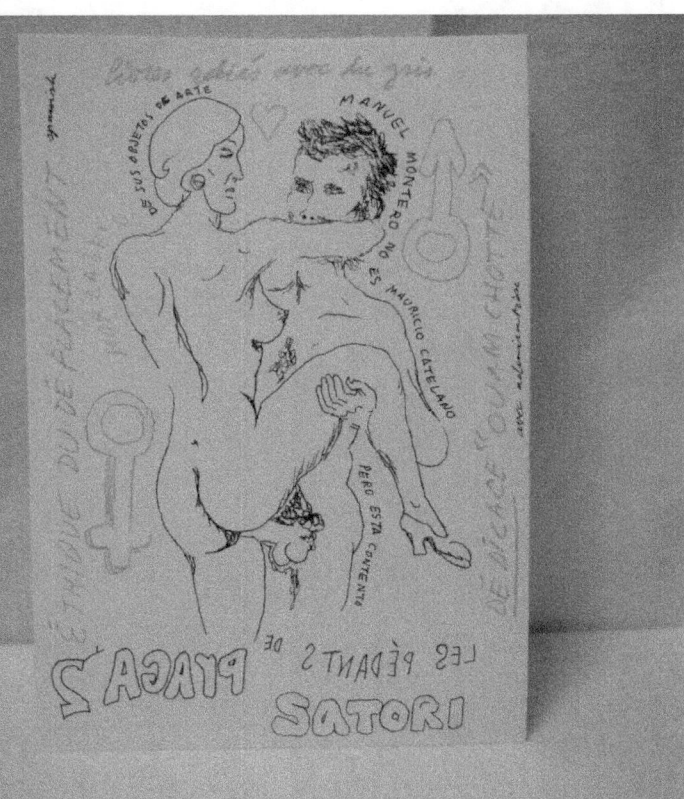

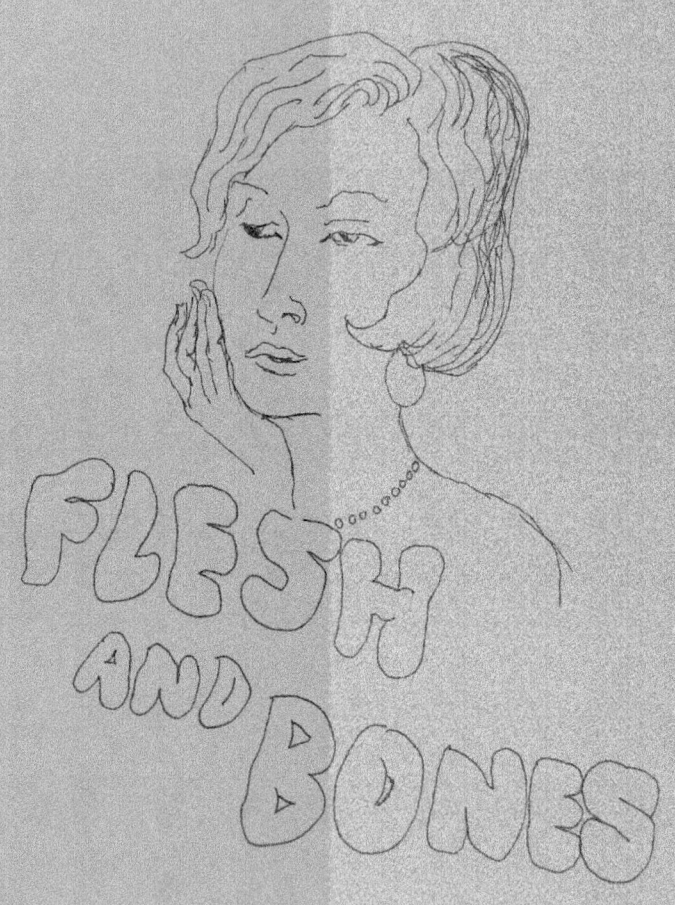

FLESH AND BONES

Manuel Montero 12510

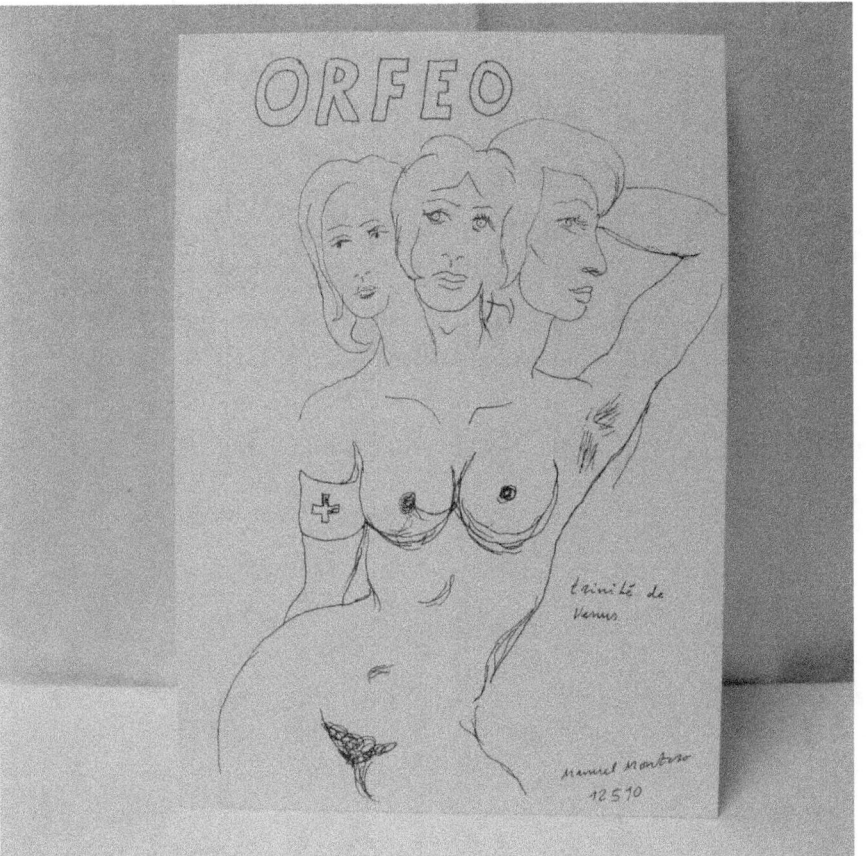

Chère Patience,

la nuit d'insomnie, le mauvais sang d'un amour triste, la cafetière protestataire et fanatique que je me suis procuré, les fumigations de laurier, ont fait que mon corps sente la féline litière. J'ai tenu une flame petite au pied de la statuette. J'ai vu la lune fine et faible, puis l'aube claire m'a souvenu votre poitrine, celle d'un cygne, l'absence dans la pierre. Merci d'exister, vous et la vie et ce ciel. Vous ne faites que du bien

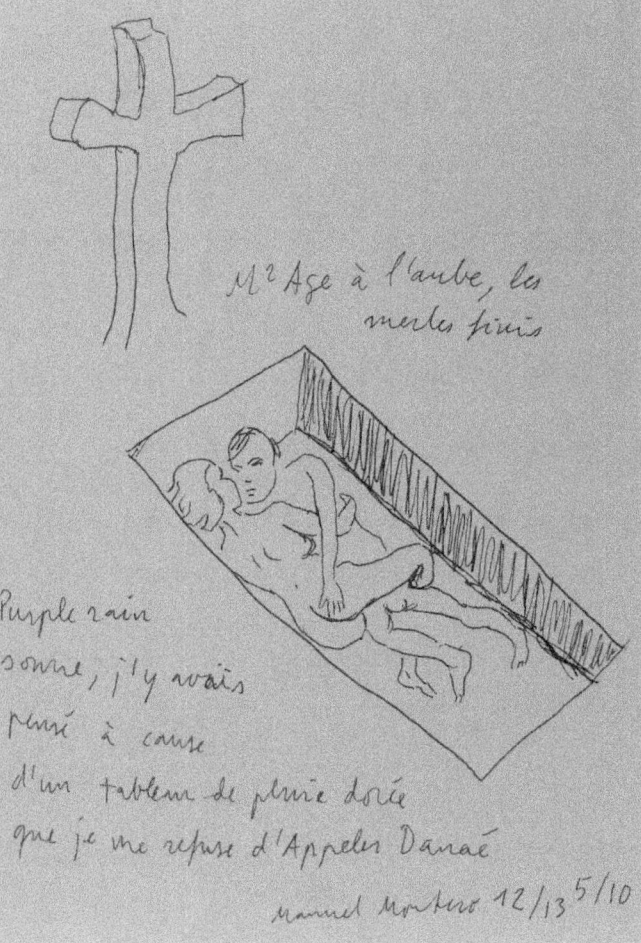

Manuel Montero 1510

M² Age à l'aube, les
merles finis

Purple rain
somme, j'y avais
pensé à cause
d'un tableau de pluie dorée
que je me refuse d'Appeler Danaé

Manuel Montero 12/13 5/10

carrusel espiritual

diana en senos albinos

en el patio de la catequesis, entre arbustos

me contaron la muerte de Lucrecio el ateo

por placer perdió la vida en el máximo placer

las bayas de minio butano envenenaban

el cura las daba al moribundo, como da su
miel el delta piloso

y yo pasé los tiempos hasta muy viejo
sujetando la cintura de las nubes

y me daban lluvia y me daban sol, me daban
oro en rocíos y en danzas

la fuente cercana lababa los chancros y los
negros sebos de la vida urbana, lababa el
sucio día

a veces pienso que tengo mucha suerte, pero
a veces me cago en dios, en verdad

el pasado fue feo pero antes hermoso, las
faldas me acompañaron hasta este antro
incierto

tus palabras, tu música, se me olvida todo,
una imagen de tu cuerpo, quién eres oh
canto

incluso aquí en el olvido a punto estuve de
encontrar modelo y amante, dos hermanas
rubias, y dos morenas

y venían en bandas las largas melenas de las
jóvenes y corrían chiquillos nacidos de mi
esperma

semejante al asno suave y sensible, mi
corazón camina por las cuestas del viejo
barrio

sube la montaña, nunca lo vi bajarla

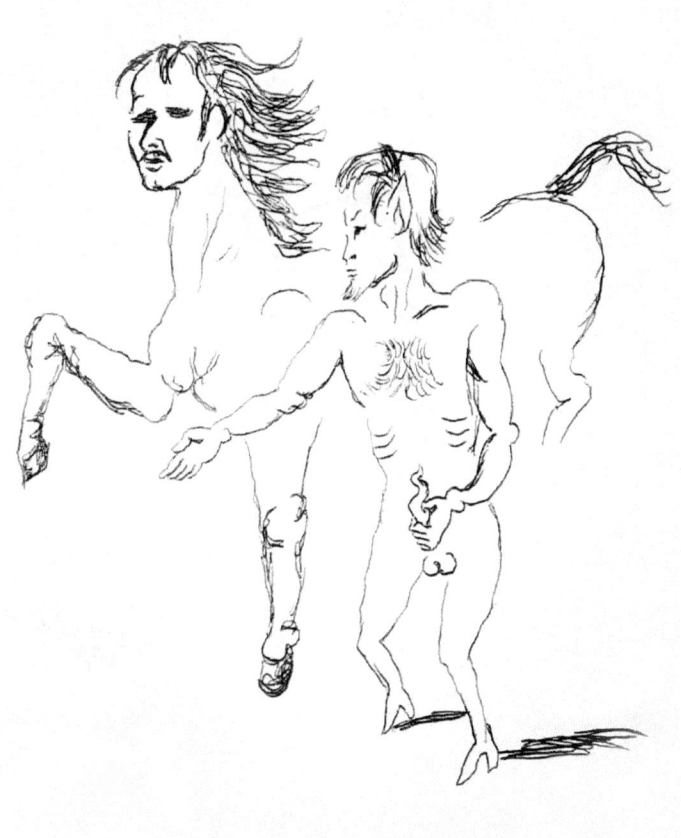

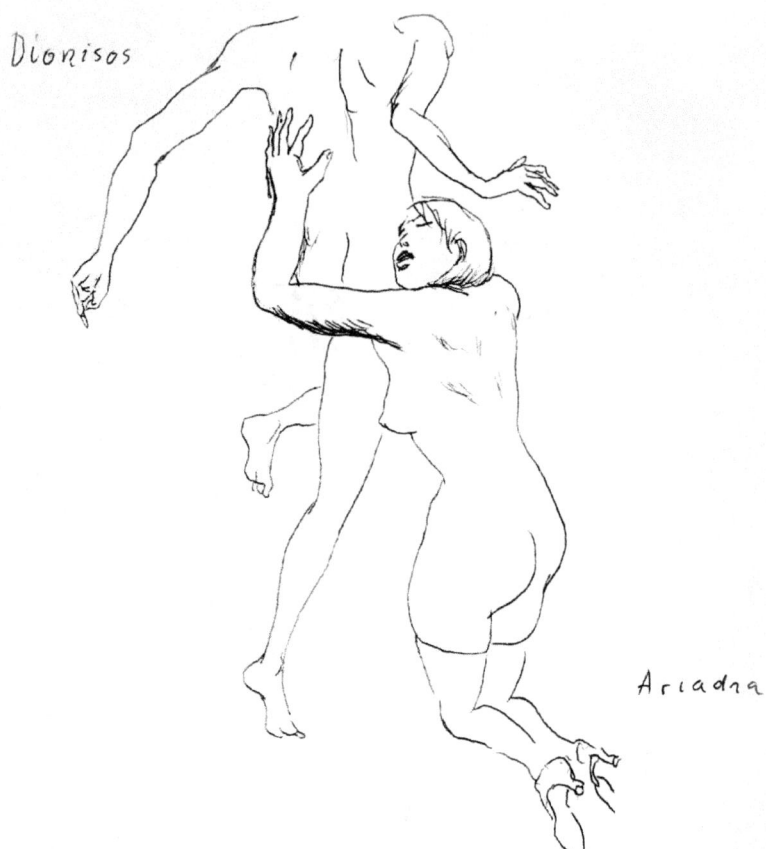

Dionisos

Ariadna

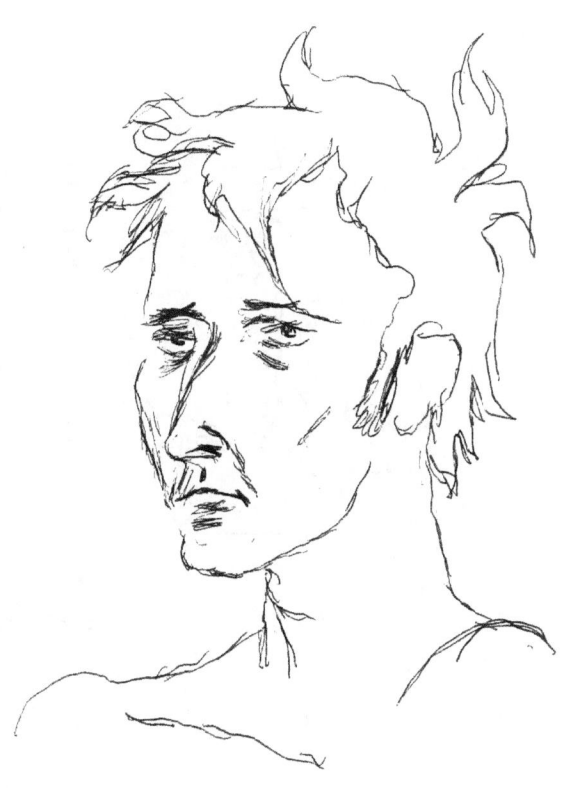

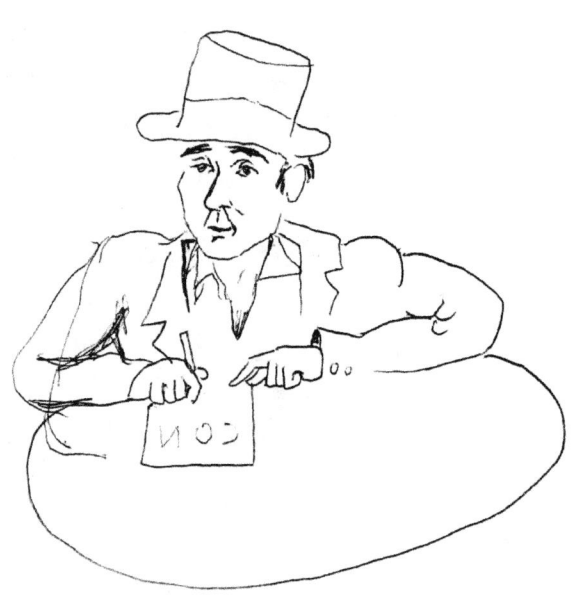

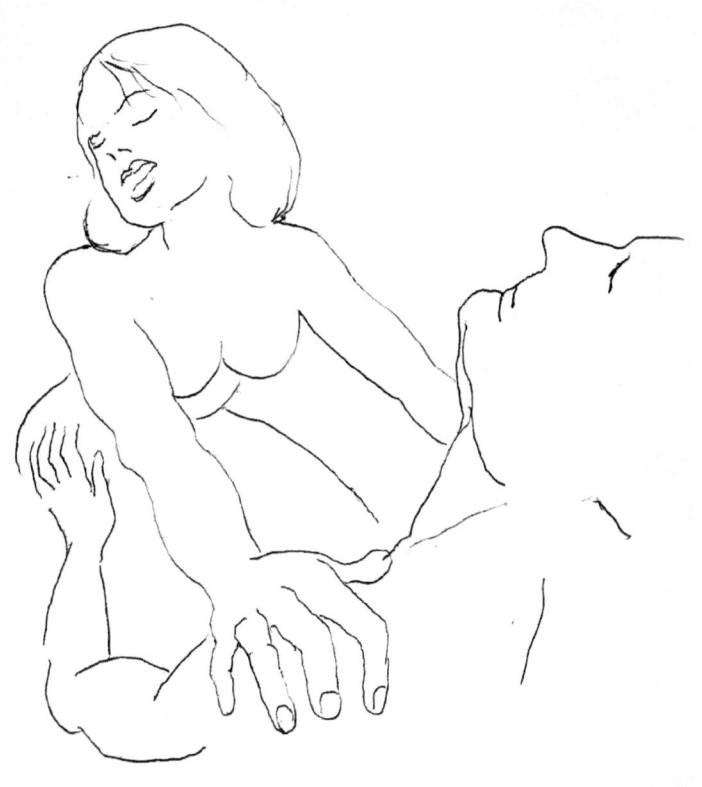

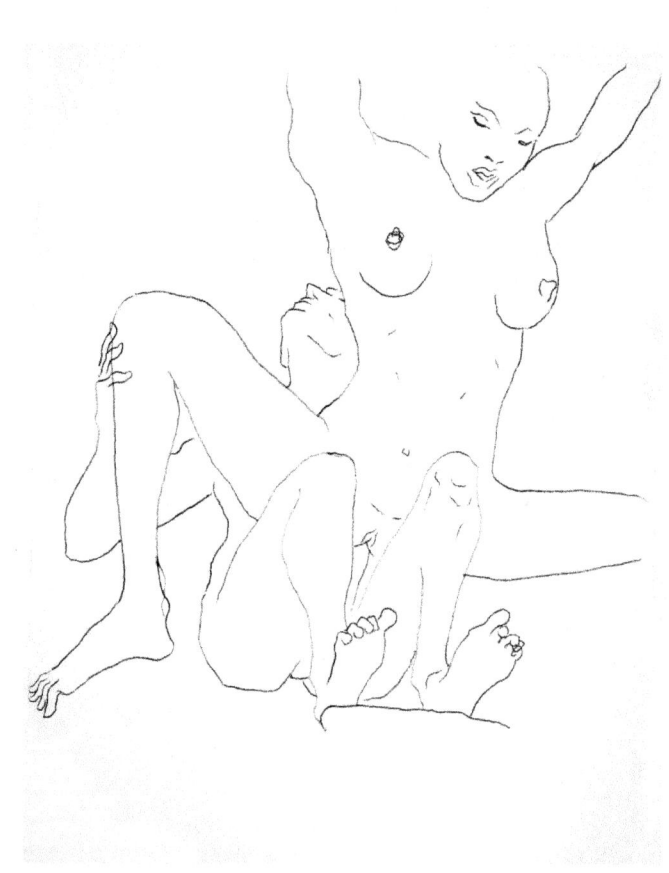

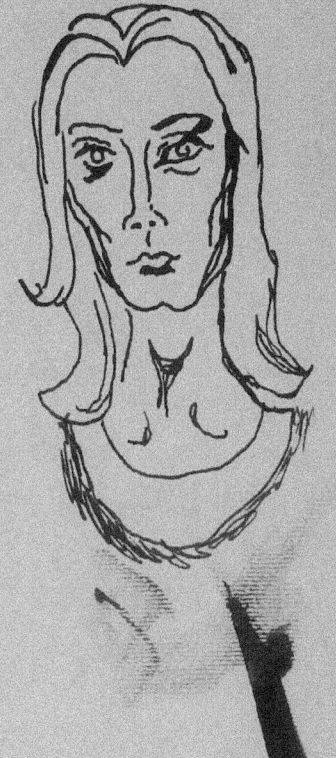

14 12 7

Es Eso lo que me hace el pelado, Aunque al Principio era Afrcias de Parcas.

Afeitarse el pelo es algo que sólo un maestro de la pintura puede hacer, por eso hay tanto arriesgado

Entretanto me hará encantado un cierto parecido con Marc Edouard Nabe

OTRO ESCRITOR QUE PINTA

Manuel Montero 20510

www.ingramcontent.com/pod-product-compliance
Lightning Source LLC
Chambersburg PA
CBHW061203180526

45170CB00002B/935